EMI
i Tajny Klub Superdziewczyn

Psy czy koty?
Komiks i Opowiadania

Agnieszka Mielech

EMI
i Tajny Klub Superdziewczyn

PSY CZY KOTY? Komiks i Opowiadania

Ilustracje
Magdalena Babińska

WILGA

 5 maja   EMI   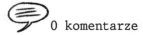 0 komentarze

Cześć, to ja, Wasza Emi! Właściwie Stanisława Emilia Gacek.

Chyba zauważyliście, że przeniosłam TAJNY DZIENNIK do internetu? Tak jest prościej i wygodniej! W każdej chwili mam dostęp do moich zapisków i nie ma znaczenia, gdzie w danym momencie jestem. Mogę być w swoim pokoju, mogę siedzieć w ogródku, a równie dobrze mogę leżeć na plaży! Technologia ułatwia nam życie, o czym Tajny Klub Superdziewczyn ostatnio się przekonał.

Kiedy mama Flory wpadła na pomysł, że rodzina państwa Zwiędły zamieszka nad morzem, wszyscy wyruszyliśmy wraz z nimi, aby im pomóc w poszukiwaniach nowego lokum. Pani Laura była zdecydowana na zmianę, bo nasze miasto z dnia na dzień staje się coraz bardziej zanieczyszczone, ale dla nas, członków Tajnego Klubu Superdziewczyn, był to prawdziwy cios!

Czy możecie sobie wyobrazić, że jedno z nas przeprowadza się z dala od naszej **TAJNEJ BAZY** i nie może uczestniczyć w **TAJNYCH SPOTKANIACH?**

Naszemu Klubowi groził rozpad! Już pewnie wiecie, że wszystko dobrze się skończyło i Tajny Klub Superdziewczyn działa i ma się bardzo dobrze, ale przypomnę, jak do tego doszło.

W czasie wycieczki na wybrzeże znaleźliśmy nad morzem tajemniczą przesyłkę. Przeprowadzaliśmy akurat wielką akcję sprzątania plaży.

Przygotowaliśmy plakaty i ulotki i zaangażowaliśmy do ekomisji turystów, a także mieszkańców osady, w której się zatrzymaliśmy. I wiecie co? Nasza misja zakończyła się prawdziwym sukcesem! Trudno było znaleźć w okolicy osobę, która by nie słyszała o akcji „Czysta plaża". Praktycznie każdy chciał się do nas przyłączyć.

Z zewnątrz wszystko wyglądało super, ale to było wielkie i skomplikowane przedsięwzięcie. Śmiało mogę powiedzieć, że była to najtrudniejsza misja, jakiej do tej pory podjął się Tajny Klub Superdziewczyn.

Musieliśmy pokierować pracą dziesiątek osób. Wszystkich trzeba było wyposażyć w worki i rękawice, wszystkim należało wyznaczyć teren do sprzątania. Mieliśmy naprawdę pełne ręce roboty. Przekonałam się wtedy, że kierowanie ludźmi to ciężki kawałek chleba. Ale było warto! Nasz wysiłek został nagrodzony — wieczorem plaża lśniła czystością.

Kiedy odpady spakowane w worki czekały już tylko na odbiór przez służby miejskie, a potem na transport do sortowni, zdarzyło się coś nieoczekiwanego. Nad samym brzegiem morza zauważyliśmy dziwną, szczelnie zakorkowaną butelkę. To nie był odpad, którego przeoczył ktoś z naszej ekipy. Okazało się, że to list w butelce!

Byliśmy zaskoczeni, bo kto dzisiaj wysyła korespondencję drogą morską? Wszyscy korzystają z internetu!

Po odczytaniu wiadomości dowiedzieliśmy się, że nadała ją pewna bardzo samotna dziewczynka zza morza. Kiedy my zajmowaliśmy się sprzątaniem plaży, ona znajdowała się dokładnie po drugiej stronie zatoki. I list trafił prosto w nasze ręce! Mega!

Niestety, przez to, że do butelki dostała się woda, dane dziewczynki zrobiły się zupełnie nieczytelne! Udało się je odtworzyć dopiero dzięki profesorowi Kagankowi i jego kolegom, którzy przy wykorzystaniu nowoczesnej technologii rozszyfrowali adres nadawcy.

Bardzo chcieliśmy się z tą dziewczynką skontaktować, ale podała tylko nazwę swojego konta na komunikatorze. I wtedy z pomocą przyszedł nam Lucek,

MÓJ BARDZO DOBRY KOLEGA z pierwszego piętra w domu przy ulicy Na Bateryjce, gdzie mieszkamy z mamą i tatą, a czasem z ukochanym psem cioci Julii — Czekoladą. Lucek, który bardzo dobrze się orientuje we wszystkich nowinkach technicznych, natychmiast odkrył, że możemy po prostu porozmawiać za pomocą komunikatora internetowego.

Obawiałam się, że nic z tego nie wyjdzie. Ale wiecie co? Udało się, a dziewczynka zza morza, Anika, okazała się bardzo fajna i została naszą nową przyjaciółką!

Wyprawa nad morze była naprawdę MEGA. Zatrzymaliśmy się w uroczym hoteliku na magicznym półwyspie CIENKIM JAK KSIĘŻYC W NOWIU; jestem prawie pewna, że podobnego nie ma NIGDZIE NA ŚWIECIE.

A na koniec wydarzyło się coś, co ucieszyło nas najbardziej: państwo Zwiędły uznali, że mimo niezliczonych zalet nadmorskiego krajobrazu zostają w mieście! Pani Laura przekonała się, że dom powinien znajdować się tam, gdzie są bliscy!

Czyli w miejscu, które zamieszkuje cała nasza PACZKA. I to było MEGA!

Tajny Klub Superdziewczyn (i jednego Superchłopaka) nie rozpadnie się. Będzie istniał, być może W NIESKOŃCZONOŚĆ, i organizował tajne misje!

I wiecie co? Niewykluczone, że niektóre misje będziemy przeprowadzać nad morzem, bo państwo Zwiędły, podobnie jak my wszyscy, zakochali się w wybrzeżu!

Postanowili nawet kupić niewielki dom blisko plaży. Pani Laura uważa, że budynek wymaga remontu, ale mój tata twierdzi, że to absolutna przesada i że już wkrótce namówi mamę Flo na kolejną nadmorską wycieczkę.

Zanocujemy oczywiście w domku przy wydmach. Czujecie to? To MEGAPOMYSŁ!

A teraz zdradzę Wam moją TAJEMNICĘ. Zakładam swój własny TAJNY BLOG! Nikt o tym nie wie.

Nawet Aniela. Obserwujcie mnie!

Tymczasem!
Wasza Emi

 BLOG, BLOGGER, TAJNY KLUB,
MEGA, EMI I TAJNY KLUB SUPERDZIEWCZYN, MISJA

TAJNY KLUB CHCE BYĆ NA CZASIE!

Ostatnio w Tajnym Klubie Superdziewczyn zaszło kilka **DONIOSŁYCH** zmian.

Podczas jednego z naszych tajnych spotkań, które odbywało się u mnie w domu, czyli w **GACKOWIE** (TAK TYLKO PRZYPOMINAM, ŻE NAZWA WZIĘŁA SIĘ OD MOJEGO NAZWISKA)

Franek poskarżył się, że cierpi z powodu braku stałego kontaktu z resztą załogi.

Przebywacie ze sobą przez cały tydzień.
Uczycie się w jednej szkole i prawie wszyscy mieszkacie na jednym osiedlu.

Jesteście w stałym kontakcie.

Przeniosłeś się z naszej szkoły na własne życzenie.

Nie miałem wyjścia.

Zaproponowano mi specjalny tok nauczania w klasie dla uczniów o wybitnych zdolnościach.

Nasz dom oddalony jest o kilkanaście minut jazdy od PIERWSZEJ BAZY KLUBU. I nie czuję się przez to gorsza. I o mały włos nie zamieszkałam nad morzem. A to prawie pięćset kilometrów stąd!

Ale to w twoim domu mieści się DRUGA TAJNA BAZA!

Możemy założyć TRZECIĄ TAJNĄ BAZĘ. U ciebie.

U mnie? Mój dom to jedno wielkie LABORATORIUM. Nie da się tam nawet palca wcisnąć. W każdym kącie jest pełno książek, probówek i urządzeń do badań i doświadczeń.

To poproś tatę, żebyście przeprowadzili się w pobliże naszego osiedla. Zauważyłam ostatnio, że jest tu kilka mieszkań na sprzedaż.

Nie ma szans. Tata się na to nie zgodzi.

Mamy w domu tyle klamotów, że przez rok nie udałoby się ich przenieść w inne miejsce.

Kiedy was nie widuję...

...czuję się bardzo samotny.

Czy nie mógłbyś po prostu przenieść się do naszej szkoły? Aniela też mieszka daleko i poświęca sporo czasu na dojazd.

Jeśli nie ma innego wyjścia, mogę ci wypożyczyć Fiolkę. To jakby członek Tajnego Klubu. Będziesz mógł ją tulić. Fiolka uwielbia być głaskana.

To świetny pomysł.

Koty nie cierpią zmian. A co będzie, jeśli jej się u mnie nie spodoba?

Tak czy siak na jakiś czas muszę jej znaleźć inne lokum. Mam teraz zajęcia z drugiego instrumentu w szkole muzycznej i muszę sporo ćwiczyć na gitarze.

Faustyna zerwała się z jedynego wygodnego fotela, jaki znajdował się w moim pokoju, i ruszyła w kierunku drzwi.

Lecę po Fiolkę.

Pomogę ci.

Czy jesteście pewne, że obecność Fiolki rozwiąże problemy waszego kolegi?

Ależ ty jesteś dociekliwy! Ja nie mam w domu zwierząt, jestem jedynaczką i DAJĘ RADĘ.

Tyle że Franek mieszka tylko z tatą.

A ja właściwie z mamą. Tata jest ciągle w rozjazdach. Na przykład wczoraj wyjechał do Norwegii, w pobliże koła polarnego.

Nie w tym rzecz . Nie chcę się wtrącać w sprawy Tajnego Klubu Superdziewczyn, ale przypuszczam, że Franek czuje się WYIZOLOWANY.

LOL. Nie miałam pojęcia, że Franek cierpi na brak kontaktu z nami. Zawsze się tylko WYMĄDRZA.

To może być coś w rodzaju maski.

Mama mi kiedyś tłumaczyła, że niektóre osoby kamuflują się, żeby ukryć przed innymi swoje prawdziwe uczucia.

Spojrzałyśmy z dziewczynami po sobie i zrozumiałyśmy, że sytuacja jest trudniejsza, niż sobie to wyobrażałyśmy.

Lucek, może masz jakiś pomysł, jak to rozwiązać?

Lucek przerwał w pół słowa, bo do pokoju wpadli Faustyna, jej brat Felek, ten mały rudzielec, który zawsze zaczepia mnie w szkole, i Franek. Dźwigali domek Fiolki, który całkiem niedawno zrobiłyśmy z różnych opakowań i odpadów w szkole, na ekowarsztatach.

Domek z Fiolką w środku wylądował na podłodze w moim pokoju, a Faustyna otworzyła małe drzwiczki.

Kotka szamotała się w jego wnętrzu, aż wreszcie, z trudem przeciskając się przez otwór, wyskoczyła z tekturowego mieszkanka.

Fiolka ganiała po pokoju, aż powietrze furczało. Nie przypominała jeszcze wielkiej futrzanej kuli, ale widać było, że się zaokrągliła. Tarmosiła bez litości zabawki. Szczególnie upodobała sobie mojego ulubionego pluszaka cavaliera kinga charlesa spaniela*.

---

* Cavalier king charles spaniel – rasa psów należących do grupy psów ozdobnych i do towarzystwa; są przyjacielskie, żywiołowe i wesołe.

Telefon w niczym nie przypominał nowoczesnych, lśniących urządzeń.
Był niewielkich rozmiarów, dość sfatygowany z małym ekranem i przyciskami.

Miałeś nikomu nie mówić!

To była nasza tajemnica!

Obawialiśmy się, że zaraz na naszych oczach rozegra się jakaś dramatyczna SCENA, ale Felek tylko się zaśmiał, obrócił na pięcie i tyle go widzieliśmy…

Oby nasza mama się zgodziła...
Nie znacie jej.
Jak się uprze, nikt i nic jej nie przekona.

Rzeczywiście. Nie znaliśmy zbyt dobrze mamy Faustyny i Felka. Widzieliśmy się z nią zaledwie kilka razy, bo zwykle jest bardzo zajęta i rzadko pokazuje się w towarzystwie.

Jeśli będzie trzeba, mój tata ją urobi.

Ma w zanadrzu mnóstwo naukowych argumentów i z łatwością wytłumaczy twojej mamie, jak korzystną rzeczą może być smartfon.

W takim razie Lucek może zaczynać prezentację.

I mój sąsiad, który znał się doskonale na NOWYCH TECHNOLOGIACH, zaczął opowiadać o różnych mediach społecznościowych i aplikacjach.

Oczywiście wiedzieliśmy o istnieniu aplikacji, ale jak dotąd prawie z nich nie korzystaliśmy, bo albo nasi rodzice byli temu przeciwni, albo zarejestrowanie się wymagało podania danych osobowych.

Najbardziej spodobała nam się aplikacja ze zdjęciami – Instagram. Znaleźliśmy w niej mnóstwo słodkich zdjęć z kotami i psami, a nawet kilka kont osób, które udostępniały fotki psów mojej ukochanej rasy cavalier king charles spaniel! Kiedy byliśmy już całkiem nieźle zorientowani, Lucek znów nas zaskoczył.

Zrobiliśmy kilka prób. Boomerang to nie jest zwykłe wideo, ale filmik, który najpierw odtwarza nagranie od przodu, a potem od tyłu. Zabawa była MEGA! Nagraliśmy Fiolkę, która rozprawia się z moimi pluszakami. Już sobie wyobrażałam, jak kręcę podobne filmiki z Czekoladą, chociaż najchętniej chciałabym to robić z moim własnym czworonogiem!

No to jeszcze nam powiedz, **w jaki** sposób możemy **wykorzystać** te nowinki technologiczne w Tajnym Klubie.

OKI!

Jeśli chcecie mojej rady, to ja na waszym miejscu od razu zarejestrowałbym się na kilku komunikatorach, założyłbym bloga klubowego i konto na Instagramie.

Wyobraźcie sobie, że Franek wraca po południu do domu, a zebranie Tajnego Klubu jest dopiero za kilka dni. Wtedy albo zaloguje się na blogu, gdzie przeczyta nowy wpis jednej z was, albo sam coś napisze. Innym razem wejdzie na Instagrama, gdzie obejrzy zdjęcia.

Przypomniałam sobie, że już kilkakrotnie zwracała mi uwagę, że Lucek kręci się zbyt blisko Klubu, jak gdyby chciał zostać jednym z nas.

Tego dnia musieliśmy się już rozstać, bo zapadał zmierzch, a każde z nas miało jeszcze do odrobienia pracę domową. Franka czekało nie lada zadanie – po pierwsze, przekazać profesorowi informację o nowym lokatorze, a po drugie, przetransportować niesforną Fiolkę do domu.

Z TAJNEGO BLOGA EMI

 6 maja   EMI   5 komentarze

Cześć wszystkim!

   Mam nadzieję, że ktoś z Was odwiedzi mój blog już dzisiaj. Jestem tutaj dopiero drugi raz, ale i tak mam już kilka ważnych tematów, którymi chciałabym się z Wami podzielić. Przede wszystkim w ostatnim spotkaniu Tajnego Klubu Superdziewczyn uczestniczył Lucek. To mój sąsiad, którego całkiem lubię, chociaż jest chłopakiem. Lucek świetnie się zna na komputerach, internecie i aplikacjach. Czyli jednym słowem na rzeczywistości mobilnej, za którą nie przepadają moi rodzice. Wprawdzie mama ma konta we wszystkich możliwych miejscach w sieci, ale tata zupełnie tego nie rozumie.

   Ale do rzeczy! Lucek zrobił nam szkolenie z aplikacji internetowych i mobilnych i teraz już wiemy

absolutnie wszystko. Postanowiliśmy, że Tajny Klub Superdziewczyn będzie miał swój BLOG i PROFIL W MEDIACH SPOŁECZNOŚCIOWYCH! Nasza paczka pozostanie w ciągłym kontakcie! Tylko nie mówcie nikomu o moim blogu! To tajemnica!

Na razie!
Wasza Emi.

 BLOG, BLOGGER, TAJNY KLUB,
MEGA, EMI I TAJNY KLUB SUPERDZIEWCZYN, MISJA

BUM! BUM! BOOMERANG!

Prezentacja nowych sposobów komunikacji, przygotowana przez Lucka, przekonała nas, że aplikacje otwierają całkiem nowe możliwości przed Tajnym Klubem Superdziewczyn. Rzecz jasna już wcześniej znaliśmy wiele aplikacji, ale korzystaliśmy z nich tylko czasami i głównie do zabawy. Niestety, nasi rodzice nie patrzyli łaskawym okiem na nasze telefony, wręcz przeciwnie, wprowadzali nam surowe ograniczenia.

Telefon służy głównie do komunikowania się z rodzicami.

przekonywała mnie mama Uważałam to za jawną niesprawiedliwość.

– Przecież ty sama ciągle siedzisz z nosem w komórce, przeglądasz zdjęcia i wiadomości, dobrze o tym wiem – oświadczyłam któregoś dnia. – A mnie zabraniasz!
– Większość aplikacji ma ograniczenia wiekowe – wyjaśniła niewzruszona mama. – Musisz uzbroić się w cierpliwość i spokojnie poczekać, aż będziesz starsza.
Wzruszyłam ramionami. Ach, ci dorośli! Przecież bardzo dobrze znam zasady korzystania z aplikacji i wiem, że część jest już dla mnie dostępna.
Tak więc po spotkaniu z Luckiem w naszej paczce zawrzało. Nie byliśmy pewni, czy i w jakiej formie Tajny Klub powinien

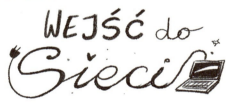
WEJŚĆ do Sieci

i sporo dyskutowaliśmy na ten temat. Ostatecznie jednak postanowiliśmy CHWYCIĆ BYKA ZA ROGI! Na jednym ze spotkań Klubu odbyło się tajne głosowanie. Chcieliśmy ustalić w sposób demokratyczny, jak powinniśmy się komunikować i rejestrować historię naszej paczki.

Franek miał bardzo rewolucyjne poglądy.
– Zrezygnujmy z papierowych tajnych dzienników. Przenieśmy wszystkie działania do internetu!

Będziemy mieli dostęp do naszych notatek z każdego miejsca na świecie i o każdej porze.

Wybierasz się gdzieś, że potrzebujesz być mobilny? Ja mam przed sobą jeszcze parę tygodni roku szkolnego i kilka kobylastych sprawdzianów. Raczej planuję w tym czasie przebywać w mieście i kontaktować się z wami non stop.

– Mówię tak na wszelki wypadek. Pomyśl, co by się stało, gdyby ktoś z nas wyprowadził się na parę miesięcy. Może Faustyna otrzyma stypendium w jakiejś znanej szkole muzycznej na innym kontynencie? – rozważał Franek.

Faustyna zaczerwieniła się po uszy, a Flora przewróciła oczami. Jej nieprzejednana mina świadczyła o tym, że ma zupełnie inne zdanie na temat komunikacji.

Postanowiłam zabrać głos. W końcu jako SZEFOWA TAJNEGO KLUBU SUPERDZIEWCZYN powinnam się wypowiadać w sprawach istotnych dla naszej organizacji.

– Uważam, że to bardzo ważne, aby Tajny Klub zaistniał w sieci – oświadczyłam. – Ale wszystkie nasze symbole – na przykład DZIENNIKI i ODZNAKI – muszą pozostać bez zmian.

– Tak! – zawtórowała mi Aniela. – Były z nami od początku istnienia Tajnego Klubu!

Wtedy przypomniałam sobie, że przecież to właśnie wspólnie z Anielą zakładałam Klub! Jeszcze w zerówce! To mnie tylko utwierdziło w przekonaniu, że należy chronić wartości i zwyczaje. Owszem, nowoczesność ma swoje zalety, ale nie można rezygnować z własnej historii.

– Pielęgnujmy tradycję – pisnęła Fau, jakby czytała w moich myślach.

– Postawmy na klubowego bloga – zaproponowałam. – Liczę, że spodoba się nawet naszym rodzicom.

– Sam blog to za mało – stwierdziła Faustyna. – Lucek miał rację. Klub powinien mieć swój profil w mediach społecznościowych.

– Tajny Klub na I N S T A!* – wrzasnęła Flora.

---

* INST – potoczna nazwa Instagrama, serwisu społecznościowego służącego do dzielenia się zdjęciami oraz filmami.

Franek zacierał ręce z radości, a ja udawałam, że nadal poważnie się nad tym zastanawiam. Zmarszczyłam czoło i nadęłam policzki. Tak naprawdę w głębi ducha bardzo się cieszyłam, bo na Instagramie odkryłam mnóstwo profili ze zdjęciami moich ukochanych cavalierów. Może w ten sposób uda mi się przekonać rodziców, żeby zgodzili się na psa?!

Kiedy wracałabym ze szkoły, mój mały przyjaciel czekałby na mnie w domu i witał radośnie. Potem zabierałabym go na spacer i bawilibyśmy się

Z zamyślenia wyrwał mnie głos Flory:
– Więc jak, Emi? Wchodzimy do sieci?
– Jasne! – potwierdziłam. – Tylko rodzice muszą się na to zgodzić.
– Biorę to na siebie – rzekł spokojnie Franek. – Pokażę wam, jak należy negocjować z dorosłymi! Użyję siły argumentów naukowych – przechwalał się.

– Moja mama jest bardzo odporna na wszelkie argumenty – ostrzegała go Fau. – Ale bardzo chcę, aby tym razem się udało! Nie zapomnij wspomnieć, że państwo Zwiędły wypożyczają mi swój stary smartfon.
– Trzymamy kciuki – dodała Aniela.
– Najważniejsze to

oświadczył Franek. – Ostatnio wiele czytałem o tym, jak budować WYSOKĄ SAMOOCENĘ*.

– Nie wierzę, że właśnie TY musisz pracować nad samooceną! – włączyła się do dyskusji Flora. – Mogę przysiąc, że twój wynik jest wyższy od samooceny całej naszej paczki razem wziętej!

Franek spojrzał gniewnie na Flo, a potem wlepił wzrok w swój telefon.

---

* Wysoka samoocena – samoocena to obraz własnej osoby, który zależy od tego, jak widzimy samych siebie oraz jak oceniają nas inni. Wysoka samoocena wpływa na dobre samopoczucie i pozytywne widzenie świata, a także skuteczność w radzeniu sobie z problemami.

– Ja też nie wierzę – poinformował nas. – Właśnie mój tata esemesuje, że Fiolka tak bardzo za mną tęskni, że musi natychmiast ją podrzucić.

Zmartwiłam się, bo właśnie dzisiaj zapowiedziała się z wizytą ciocia Julia. Jej czekoladowy labrador miał u nas zostać przez kilka dni. A Fiolka i Czekolada po prostu SIĘ NIE ZNOSZĄ.

Spotkanie Tajnego Klubu trwało jeszcze tylko kwadrans, ale zdążyliśmy przegłosować najważniejsze.

Potem postanowiliśmy przetestować kręcenie filmików w Boomerangu. Zaczęło się zabawnie – od skoków na łóżku i wojny poduszkowej.
Odtwarzaliśmy gotowe wideo chyba dziesięć razy. Za jedenastym razem musieliśmy przerwać, bo do pokoju wpadł tata Franka, taszcząc domek z Fiolką. Kotka siedziała na górze i próbowała dosięgnąć łapą nos profesora, drapiąc przy tym kartonowe ścianki.

– Za chwilę z naszej budowli pozostanie RUINA! – ze smutkiem stwierdziła Aniela.

– Musicie ujarzmić swojego wrzaskliwego przyjaciela – tłumaczył się profesor. – Kompletnie nie chce mnie słuchać.

Franek przejął od taty domek.

Na pewno nie rozpoznałeś właściwie jej potrzeb. Musisz się nauczyć, że każdy odgłos i poza Fiolki oznaczają coś innego.

To koty używają MOWY CIAŁA?

Zgadzam się. A czy wiecie, że mruczenie kota wcale nie musi oznaczać zadowolenia?

Naukowcy, którzy zajmują się KOCIM BEHAWIOREM*, opracowali specjalny słownik kociej mimiki, dźwięków, a nawet sposobów, w jakie te zwierzaki poruszają ogonem. Zamierzam przeprowadzić własne badania, bo kod komunikowania się kota z właścicielem jest unikalny.

* Koci behawior – kocie zachowanie.

Biedna Fiolka. Gdyby tylko wiedziała, że STAŁA SIĘ KOTEM DOŚWIADCZALNYM.

Wspaniały pomysł, synu. Ale tym razem nie wesprę cię w badaniach. Poniosłem już sporo strat.

Fajne plasterki!

Nie wiedziałam, że lubi pan Hello Kitty.

Dwanaście ran! To wynik moich porannych zmagań z waszym czworonogiem! Nasza apteczka była pusta, a innych plastrów sąsiedzi nie mieli.

– Pokażemy panu filmik z Boomeranga z Fiolką. Na pewno zmieni pan o niej zdanie i pokocha ją tak jak my! – zawołała Fau.

– Bumerang? Macie na myśli broń Aborygenów? – zapytał pan Kaganek.

Spojrzeliśmy na niego zaskoczeni. Czyżby ten znany naukowiec nie korzystał nigdy z tak popularnej aplikacji?

Profesor przyjrzał się nam i rzekł:

– Nie wiecie, kim są Aborygeni? TO RDZENNI MIESZKAŃCY AUSTRALII. To oni używali wracającego kija, zwanego bumerangiem.

– Aaa! To dlatego ta aplikacja tak się nazywa! – zawołała Flora i wyjaśniła: – To taki fajny program do nagrywania zabawnych filmików.

Potem pokazaliśmy tacie Franka wideo z udziałem Fiolki, które nakręciliśmy w czasie poprzedniego spotkania Tajnego Klubu. Zaśmiewaliśmy się, aż nas rozbolały brzuchy.

– Muszę przyznać, że to sprytne narzędzie – stwierdził profesor – I bardzo trafnie nazwane. Te nagrania są naprawdę komiczne.

Nagle usłyszeliśmy hałas pod drzwiami i warknięcia Czekolady.

– O! Mamy gości – zauważyłam i szybko dodałam: – Zagońcie prędko Fiolkę do domku. Unikniemy rozlewu krwi.

Franek natychmiast zapakował kotkę do jej mieszkanka, a ta potulnie się w nim umościła.

Otworzyłam drzwi mojego pokoju i Czekolada wkroczyła dumnie do środka. Ciocia Julka wręczyła mi smycz i od razu się pożegnała, tłumacząc, że czeka na nią taksówka.

– Cześć, piesku! – zawołałam, a czworonóg z radości dotknął swoim wilgotnym pyskiem mojej nogi. Zanurzyłam ręce w lśniącej sierści i poczułam cudowne ciepło.

Wszyscy się rzucili, aby głaskać i przytulać Czekoladę, która cierpliwie im na to pozwalała.

Profesor obserwował nasze zabawy z labradorem, aż wreszcie zapytał:

– Zastanawiam się, które z nich wolelibyście za przyjaciela – psa czy kota?

Franek odpowiedział błyskawicznie i bez namysłu:

Ani Aniela, ani ja nie zdążyłyśmy się wypowiedzieć, bo Fiolka znowu zaczęła roznosić swój domek. Może ona też chciała zabrać głos w dyskusji? Jeśli chodzi o mnie, nie miałabym problemu, żeby przyznać się do tego, że przepadam za psami. A najbardziej za cudownym cavalierem king charles spanielem... One są takie słodkie!

– Wycofam się na Z GÓRY UPATRZONE POZYCJE – oznajmił nagle tata Franka, który był już chyba zmęczony fochami Fiolki.

– Może pan poczytać gazety, profesorze – zaproponowałam. – Tata przywiózł wczoraj świeżą prasę. Jest w kuchni.

Franek miał jednak inny pomysł.
— A może zrobisz nam kanapki? — zaproponował. — Umieram z głodu.
Ku mojemu zaskoczeniu profesor się zgodził. Postawił jednak pewne warunki:
— Nie ma sprawy, o ile Emi zaakceptuje plan spustoszenia tutejszej lodówki. Ale potrzebuję wskazówek, aby nie pogubić się w nowoczesnej kuchni państwa Gacków. Chyba że poczekamy na twoją mamę, która wyda nam odpowiednie dyspozycje.
— Nie odmieniamy nazwiska „Gacek", profesorze — zwróciłam mu delikatnie uwagę. — A mama wraca dzisiaj bardzo późno, albo nawet później.
— Nasze mamy mają dziś dziewczyński wieczór — wyjaśniła Flo.
— W dodatku lodówką i zapasami zajmuje się w naszym domu tata — poinformowałam pana Kaganka.
— Każde ognisko domowe ma własny sposób na podział obowiązków — skomentował profesor.
— Moja mama twierdzi, że to się nazywa równouprawnienie. — Zacytowałam to, co słyszę w domu prawie każdego dnia.
Profesor uśmiechnął się na znak, że rozumie i popiera, po czym wszyscy zgodnie ruszyliśmy w stronę kuchni. Za nami szła Czekolada, a na końcu Franek, który dźwigał domek z Fiolką.

Zademonstrowałam profesorowi wyposażenie naszej kuchni i przygotowałam wszystko co niezbędne do zrobienia kanapek: deskę do krojenia, nóż, talerze i chleb.

– Przydałyby się jeszcze masło, szynka, ser żółty i warzywa – wyliczył pan Kaganek.
– Muszę sprawdzić, co mamy w lodówce. Jakie kanapki lubicie najbardziej? – zapytałam moich przyjaciół z Tajnego Klubu.

Ja jem tylko kanapki z niewielką ilością masła i kozim serem. To wszystko przez to, że moi rodzice unikają laktozy*.

---

* Laktoza – inaczej cukier mlekowy, organiczny związek chemiczny z grupy węglowodanów, występuje w mleku.

Z góry zamówiliśmy po pięć kanapek na osobę.

Profesor zafrasował się, ale dzielnie podjął wyzwanie. Ja za to miałam ochotę na wielką kanapkę z jajkiem, szynką, żółtym serem i pomidorem! MNIAM!

Mogliśmy dalej snuć plany o najsmaczniejszych przekąskach, ale właśnie wtedy otworzyłam lodówkę. Naszym oczom ukazał się OBRAZ NĘDZY I ROZPACZY.

Lodówka była prawie pusta i wydawało się, że hula w niej wiatr. To, co znajdowało się na półkach, nijak się nie nadawało do przyrządzenia pysznych kanapek, o których tak marzyliśmy. A były to: nieco przywiędły owoc awokado, napoczęta butelka mleka i pudełko rozpuszczonych lodów malinowych z kawałkami czekolady, które, o ile dobrze pamiętam, otworzyłam co najmniej miesiąc temu.

– Obawiam się, że nic tu więcej nie znajdziesz. A już na pewno nikogo – stwierdziłam bardzo zdziwiona. – Wszyscy padli z głodu. Przeszedł tu jakiś tajfun i wymiótł zapasy.

– Albo gościliście gromadę głodomorów – snuł domysły profesor.

Nie podjęłam jednak tematu, bo NIE MIAŁAM ZIELONEGO POJĘCIA, kto opustoszył naszą lodówkę!

– Cóż. Z jednego awokado nie uda mi się wyczarować zbyt wielu potraw – zafrasował się profesor Kaganek. – NIE JESTEM GANDALFEM ANI HARRYM POTTEREM. Nie pozostaje mi więc nic innego, jak zamówić pizzę.

Miałam wrażenie, że tata Franka wyluzował i KAMIEŃ SPADŁ MU Z SERCA. Wizja przygotowania ponad 20 kanapek na jego szczęście oddalała się bezpowrotnie. Ale wtedy właśnie szczęknął klucz, a po chwili drzwi naszego mieszkania otworzyły się z hukiem. Stanął w nich mój tata. Właściwie to tylko domyślałam się, że to on, ponieważ cały otwór wypełniało pokaźne kartonowe pudło.

Byłam prawie pewna, że ten głos, choć trochę zniekształcony, należy do mojego taty.

Poruszając się bardzo niezgrabnie i stękając co chwila: UFF! UFF!, wtaszczył paczkę do kuchni. Ostrożnie postawił ją na podłodze, wyprostował się i otarł pot z czoła.

Pudło dumnie prezentowało się na środku pomieszczenia i nikt z nas nie miał pojęcia, co w nim jest.

– Czy to jakiś WYPASIONY PREZENT DLA EMI? – zapytała z ciekawością Flora.

Wtedy przypomniałam sobie, że przecież niedługo są moje urodziny!

Może Flo miała rację i wewnątrz tego kartonu kryje się mój wymarzony prezent?! Miałam na myśli słodkiego szczeniaczka rasy cavalier king charles spaniel! Niestety. Flora nie trafiła, a ja natychmiast straciłam nadzieję.

– Przyniosłem zapasy – wyjaśnił tata i zabrał się do rozpakowywania kartonu.

Czego tam nie było! Trzy paczki makaronu, kilogram ryżu jaśminowego, kilka puszek tuńczyka, torebki z suszonymi owocami, mus owocowy w tubkach, kubeczki z jogurtem i paczuszki z krojoną wędliną, a nawet sucha karma dla Czekolady!

– Jak dobrze, że kupił pan szynkę! – ucieszył się Franek. – My tu naprawdę umieramy z głodu, a lodówka jest zupełnie pusta.

– To wszystko dlatego, że miałem ostatnio mnóstwo projektów i nie mogłem wcześniej zrobić zakupów – wytłumaczył tata. – Ale dzisiaj rano ją wyczyściłem i teraz uzupełniam.

Odetchnęłam z ulgą. Więc nikt się nie zakradł do naszego domu w celu obrabowania nas z żywności! Co za ulga!

– Najważniejsze, że

PRZYSZŁY POSIŁKI i MOŻEMY WZIĄĆ SIĘ ZA ROBOTĘ

stwierdził profesor – Bierzmy się do przyrządzania kanapek!

Ku naszemu zaskoczeniu tata Franka przydzielił każdemu jakieś zadanie. A przecież obiecał, że to on zajmie się kanapkami!

Stworzyliśmy coś w rodzaju linii produkcyjnej, gdzie każdy miał zadanie do wykonania. Ja zajmowałam się nakładaniem na chleb posmarowany masłem plastrów żółtego sera. Były też stanowiska z szynką, warzywami oraz sosami.

Tata nadal zmagał się z rozpakowywaniem pudła. Wydawało się, że karton nie ma dna, tyle artykułów się w nim zmieściło! Na szafkach pojawiały się kolejne

Z tego, co wiem, to chyba wszyscy wyruszamy na biwak.

zakupy, w tym rolki papieru toaletowego i ręczników kuchennych, mydło w płynie, naczynia jednorazowe i spray na komary.

– No co? To wy jeszcze nic nie wiecie?! – zawołał tata ze zdziwieniem, po czym uderzył się po głowie i oznajmił: – Spaliłem niespodziankę! Laura da mi niezłą burę!

– Tato, nie masz już wyjścia. Musisz wszystko nam powiedzieć – stwierdziłam.

I wtedy okazało się, że to wiadomość z ostatniej chwili: pani Laura organizuje wyjazd nad morze, do domku przy wydmach!

– Zapowiada się przepiękna pogoda. A ponieważ jest długi weekend i wszyscy mamy dodatkowy dzień wolny, możemy go wykorzystać na wypoczynek nad morzem! – oznajmił tata.

– TRZEBA ODCINAĆ KUPONY OD TEGO, CO DAJE NATURA I CO PROPONUJE PANI LAURA – zgodził się profesor.

Franek zatarł ręce.
– Zabierzemy Fiolkę na łono natury.
– Czekolada też jedzie! – dodałam szybko.

– To szykujcie się na wojnę – zauważyła Faustyna.
– Nie martw się – uspokoił ją Franek. – Spróbuję nowych metod naukowych, aby zaprowadzić pokój pomiędzy tymi dwoma czworonogami.

Tymczasem okazało się, że nasza mała fabryka wyprodukowała już całą stertę różnorodnych kanapek: z serem, z szynką, z warzywami, a nawet kozim serem i ogórkiem!

– Macie całkiem niezłą wydajność – pochwalił nas tata, sięgnął po kanapkę, która znajdowała się na samej górze stosu, i zbliżył ją do ust. Przyglądaliśmy się mu z zapartym tchem. Kiedy wziął pierwszy kęs, nagle z kanapki wytrysnął czerwony strumień.

– Tato, jesteś ranny? – zawołałam, udając zatroskanie.

Tata zmarszczył brwi i posmakował czerwoną substancję.

– Hm. Dość słodkie... Mam wrażenie, że to ketchup.... – powiedział. – To jakiś podstęp?

Wtedy Franek pokazał mu mikrotorebki, do których pakowaliśmy porcje ketchupu, które potem umieszczaliśmy pod plastrami sera.

– Mogłem się tego spodziewać – stwierdził tata. – Zbyt uważnie mnie obserwowaliście.

Okazało się, że Franek nagrywał całe zajście swoją komórką przez aplikację Boomerang. BĘDZIEMY

MIELI PIERWSZY FILMIK DO WRZUCENIA NA NASZ PROFIL.

STANIE SIĘ HITEM SIECI!

Pokazaliśmy wideo tacie, który cały czas konsumował kanapki i w błyskawicznym tempie dosłownie czyścił tacę.

– Więc mówicie, że efekty od początku do końca i od końca do początku to ten bum..., bum... bumerang? Ciekawe! Muszę zacząć wykorzystywać tę aplikację do prezentacji moich projektów! Będzie zabawa!

Puszczaliśmy sobie filmik i zaśmiewaliśmy się do łez, obserwując, jak tata zajada się kanapką, a później dosłownie baranieje na widok czerwonej substancji. Czekoladzie też udzielił się nasz ZWARIOWANY NASTRÓJ. Szczekała jak najęta i kręciła zabawnie ogonem. Zna się na żartach! Tylko Fiolka siedziała obrażona w swoim domku i prychała na każdego, kto się do niej zbliżał.

I jak tu nie kochać psów?

 10 maja   EMI  8 komentarze

Hej!

Zaczęłam się już chyba przyzwyczajać do mojego bloga. Miał być wprawdzie MEGATAJNY, a widzę, że obserwuje mnie już parę osób!

Dzisiaj przez chwilę miałam nadzieję, że rodzice sprawili mi WIEEELKĄ niespodziankę, i stanę się szczęśliwą właścicielką szczeniaczka CAVALIERA KING CHARLES SPANIELA.

Niestety, nie tym razem.

Ale pierwsza wiadomość dnia jest taka, że Tajny Klub Superdziewczyn i Jednego Superchłopaka znowu udaje się w podróż. Ostatnio często wyjeżdżamy. Mama mówi, że jej motto życiowe to JEDZ DOBRZE

I PODRÓŻUJ BEZ LIMITU. W sumie trochę się z tym zgadzam, pod warunkiem że w jadłospisie jest pizza i makaron.

Druga wiadomość dnia to moje urodziny.

Po raz pierwszy będę je obchodziła na wyjeździe. Do tego z całą paczką z Tajnego Klubu! Nie mogę się już doczekać! Mega, no nie?!

To na razie!
Wasza Emi.

 BLOG, BLOGGER, TAJNYKLUB, MEGA, EMIITAJNYKLUBSUPERDZIEWCZYN, MISJA

DZIEWCZYŃSKI WIECZÓR

Tego dnia spotkanie Tajnego Klubu przeciągnęło się do późnego wieczora. Po pierwsze dlatego, że **DZIEWCZYŃSKI WIECZÓR PANI LAURY I MOJEJ MAMY TRWAŁ I TRWAŁ, A TATUSIOWIE ZOSTAWILI NAM WOLNĄ RĘKĘ.** Mieliśmy sporo czasu na zabawę i przeglądanie filmików i ciekawych blogów. Szukaliśmy inspiracji do nowych wpisów na blogu Tajnego Klubu Superdziewczyn. Pokazałam też moim przyjaciołom kilka świetnych stron o cavalierach.

Drugi powód był taki, że panowie wdali się w dyskusję na temat tego, jaki jest idealny sposób, aby spakować się na krótki, weekendowy wypad. Dyskusja była tak emocjonująca, że porzuciliśmy odtwarzanie zabawnych filmików w internecie i zaczęliśmy się jej przysłuchiwać z zainteresowaniem.

– My tworzymy listy niezbędnych rzeczy do zabrania na różne rodzaje wyjazdów. Justyna aktualizuje je co roku – relacjonował tata.

Tata Franka pokiwał z uznaniem głową.

– Chciałbym być takim perfekcjonistą. Pakowanie to moja

DUMA! W planowaniu moja mama JEST NAPRAWDĘ ŚWIETNA! Chciałabym się nauczyć od niej tej sztuki!

– A my wstajemy wcześnie rano, powiedzmy, dwie godziny przed odjazdem. Otwieramy walizki, a potem każdy wrzuca to, co uważa, że może mu się przydać – wtrąciła się Flora.

– Nie bardzo chce mi się wierzyć, żeby twoja mama poszła na takie rozwiązanie – stwierdził profesor i przypomniał: – Pani Laura jest zwykle doskonale przygotowana do każdego wyjazdu. Ma ze sobą zapasy eleganckich strojów na każdą okazję!

– Nie mówimy o mamie. Mama rozpoczyna pakowanie swojej walizki z tygodniowym wyprzedzeniem – potwierdziła Flora. – Ale tata i ja w ogóle nie przejmujemy się takimi drobiazgami.

– Zdarza się, że nie mogę domknąć walizki, tyle nawrzucam rzeczy – dorzuciła Flo.

Zachichotaliśmy, ale wtedy mój tata powiedział:

– Tym razem trzeba się dobrze spakować. I nie można przesadzić z ilością bagaży. Nie jedziemy do hotelu, tylko do niewielkiego domku nad morzem. Nie ma tam miejsca na sterty walizek.

zaproponował Franek.

– To nie jest bezpieczne rozwiązanie. Zapełnione auta ZWRACAJĄ UWAGĘ RÓŻNYCH DZIWNYCH TYPÓW, którzy włóczą się po nocach – stwierdził tata.

Wzdrygnęliśmy się na samą myśl, że jakiś podejrzany osobnik mógłby nas pozbawić dobytku.

– W domku na plaży musimy znaleźć miejsce dla czworonogów! – przypomniała nagle Faustyna.

„O tak! – pomyślałam. – Ile bym dała, żeby dołączył do nas mój wymarzony piesek!"

Kiedy tak dyskutowaliśmy na temat przyszłej wyprawy oraz miejsca, w którym umieścimy nasze zwierzaki, na zewnątrz zrobiło się zupełnie ciemno. W pewnej chwili tata zorientował się, że jest już bardzo późno, i zawołał:

Nie do wiary! To już prawie dziewiąta! Zasiedzieliśmy się i nawet nie zapytałem Emi o lekcje na jutro!

PRZEWRÓCIŁAM OCZAMI.
NIE WYSZŁABYM NA TYM DOBRZE,
GDYBYM CZEKAŁA, AŻ TATA ZAINTERESUJE SIĘ MOJĄ PRACĄ DOMOWĄ.

Nie martw się.

Melduję, że jestem gotowa na jutro ze wszystkimi zadaniami.

Miałam nadzieję, że jeszcze trochę posiedzimy, ale wtedy dziewczyny zaczęły się nerwowo wiercić i spoglądać na zegarki w swoich telefonach, aż pierwsza wyłamała się z towarzystwa Faustyna:

– Muszę jeszcze poćwiczyć na gitarze. Lecę do domu, bo kiedy gram po dziesiątej, sąsiedzi DOSTAJĄ

BIAŁEJ GORĄCZKI

ARTYSTA JEST SAMOTNY W TŁUMIE.

Spotkanie dobiegło końca. Fau opuściła nas jako pierwsza, w jej ślady poszła Aniela, po którą przyjechał tata, na koniec odmeldowali się Franek i pan profesor, zabierając ze sobą naburmuszoną Fiolkę.

Zostaliśmy we czwórkę: tata, Flora, ja i Czekolada.

Robiło się sennie.

– Chyba nie odeślecie mnie do domu? – zapytała zaniepokojona Flora. – Miałam poczekać na mamę. Ale skoro jeszcze jej nie ma – dodała, ziewając – to być może u was przenocuję.

Tata zerknął na zegarek i powiedział, puszczając do nas oko:

– Dziewczyński wieczór się przeciąga. Nasze panie miały wrócić już dawno.

– Może coś się stało – zaniepokoiłam się.

Tata uśmiechnął się i poklepał mnie po ramieniu.

– Nie martwiłbym się o to. Twoja mama i pani Laura NIE DADZĄ SOBIE

To chyba dobry pomysł, abyście po prostu przygotowały się do spania. Proponuję szybką kąpiel, potem możecie chwilę poczytać przed snem.

Byłam zadowolona, że Flora zostanie u nas na noc, chociaż nie ukrywam, że miałam nieco inne plany. Chciałam dzisiaj przygotować nowy wpis na mojego tajnego bloga, a przecież nikt z naszej paczki nie wie, że go piszę. Nie ma mowy, abym pracowała w obecności Flo.

Muszę odłożyć wpis na jutro. TRUDNO.

CO SIĘ ODWLECZE, TO NIE UCIECZE!

Wkrótce potem Flora i ja leżałyśmy w łóżku i na zmianę czytałyśmy głośno moją najnowszą lekturę *Wiedźmy**.

– Ta książka jest świetna – stwierdziła moja przyjaciółka po przeczytaniu kilku stron. – Nareszcie nauczę się rozpoznawać wiedźmy!

– Myślisz, że to pożyteczna umiejętność w dzisiejszych czasach? – zapytałam z powątpiewaniem.

Flora zamyśliła się, a potem odpowiedziała zagadkowo:

– Myślę, że otacza nas wiele osób, które mają nadprzyrodzone zdolności. A niektórzy na pewno, podobnie jak te wiedźmy, nie przepadają za dziećmi.

– Spotkałaś kogoś takiego? – zdziwiłam się.

– Jasne! – potwierdziła natychmiast. – Na przykład nasz pan od matematyki ciągle powtarza, że JESTEŚMY JEGO NAJWIĘKSZĄ ZMORĄ!

---

* *Wiedźmy* – powieść Roalda Dahla, autora słynnej *Matyldy*. Książka przedstawia historię chłopca, którego babcia, emerytowana wiedźmolog, uczy go sztuki rozpoznawania czarownic.

– Pewnie nie dajecie mu spokoju – zauważyłam.

– To raczej on nas prześladuje. Codziennie zadaje po dziesięć zadań, twierdząc, że MATEMATYKA JEST KRÓLOWĄ NAUK I MUSI WŁADAĆ NASZYMI UMYSŁAMI. Przydałaby mi się porada profesjonalnego WIEDŹMOLOGA! – dodała.

Ziewnęłam. Byłam już porządnie zmęczona i miałam wielką ochotę przyłożyć głowę do poduszki i zasnąć.

Czekolada, która umościła się obok mojego łóżka, pochrapywała już spokojnie. Gładziłam jej miękką sierść. Wyobrażałam sobie, że to mój ukochany cavalier. Nie, żebym nie lubiła Czekolady. Uwielbiam ją! Ale tak bardzo marzę o własnym psim przyjacielu!

Nagle usłyszałyśmy pod drzwiami jakieś szepty, a potem rozległo się ciche pukanie do drzwi.

– Proszę! – zawołałam, chociaż oczy mi się zamykały.

Przez uchylone drzwi do pokoju zajrzały pani Zwiędły i moja mama. Miały rozbawione błyszczące oczy, ale miny nietęgie, JAKBY MIAŁY COŚ NA SUMIENIU!

Pierwsza odezwała się mama Flo:

– Przepraszam cię, Florciu, za tak późny powrót. Ale koncert był po prostu wyśmienity. A potem część widzów zaproszono do prywatnego foyer maestro. Sama rozumiesz, że nie mogłyśmy przepuścić takiej okazji.

– Wcale się nie gniewam. Dzięki temu miałam okazję, aby poćwiczyć z Emi, jak rozpoznać prawdziwą wiedźmę – odparła Flo.

– Ach! To musi być bardzo pożyteczna umiejętność – skomentowała moja mama.

– I nam by się przydała! Może świat stałby się dzięki temu znacznie prostszy? – rzekła pani Laura i dodała: – Śpijcie, dziewczynki.

Moja mama na pożegnanie posłała mi całusa i puściła do mnie oko. Przynajmniej tak mi się zdawało, bo moje powieki stawały się coraz cięższe i cięższe. Wreszcie gdzieś daleko usłyszałam ciche:

a potem pewnie zasnęłam.

Następnego ranka pani Laura przywiozła Florze plecak i rzeczy na zmianę, i rogaliki śniadaniowe własnego wypieku.

– TO NAJLEPSZE ŚNIADANIE W CAŁEJ GALAKTYCE! – oświadczyłam.

Schrupałyśmy rogaliki. Były przepyszne. Popiłyśmy je ciepłym kakao, które mama robi raz w tygodniu.

– A fe! – oceniła zawartość mojego kubka pani Zwiędły. – Laktoza i cukier! To bardzo niezdrowe!

– Nie zgodzę się – sprzeciwiła się moja mama. – Już Majowie* uważali, że napój ze sproszkowanych nasion kakaowca to

Ucieszyłam się, bo skoro kakao ma tyle wartości odżywczych, spróbuję wynegocjować z mamą, żebym mogła je pić częściej niż raz w tygodniu!

Pani Laura pokręciła z niedowierzaniem głową i przeszła do całkiem innego tematu:

– A wiecie, że czeka nas nowa wyprawa? – zapytała tajemniczo.

– Tak – potwierdziłam natychmiast. – Tata nam powiedział.

Efekt niespodzianki, jakiego oczekiwała pani Laura, został zniszczony.

– Zdradził mój sekret! – oświadczyła. – Niektórzy MAJĄ NAPRAWDĘ DŁUGI JĘZYK!

– Ale jedziemy nad morze całą paczką, prawda? – zapytała niepewnie Flo.

Jej mama uśmiechnęła się promiennie.

---

* Majowie – starożytny lud zamieszkujący tereny Meksyku, Salwador i Gwatemalę; Majowie byli społeczeństwem wysoko rozwiniętym.

Wcale się tym nie przejmowałam. Miałam dzisiaj

MEGALUZACKI DZIEŃ.

Moja klasa wybierała się na lekcję edukacji filmowej. Po drugim śniadaniu udaliśmy się do kina, które było oddalone o kilka przystanków autobusowych od szkoły. W planach mieliśmy obejrzenie dwóch filmów, a potem dyskusję na ich temat pod okiem moderatora, czyli osoby, której zadaniem było poprowadzenie spotkania.

– Bardzo trudna historia – zwierzyła mi się Aniela po pierwszym seansie.

Film rzeczywiście nie był prosty. W niczym nie przypominał rozrywkowego kina, które oglądamy w wypełnionych po brzegi salach, co chwila wybuchając śmiechem. To była opowieść o pewnej dziewczynce, która bardzo chciała mieć psa, ale nie rozumiała, jakie wiążą się z tym obowiązki. Ponieważ nie podołała opiece nad czworonogiem, musiano go oddać do schroniska.

Film zrobił na mnie ogromne wrażenie.

PRZECIEŻ SAMA MARZĘ O TYM, ABY MIEĆ WŁASNEGO PSA!

Obruszyłam się.

Jeszcze przez chwilę wymieniałyśmy argumenty, ale Aniela nie chciała się ze mną zgodzić. W końcu obraziłam się na nią. Wtedy nasza nauczycielka, widząc, co się dzieje, przyszła nam z pomocą i zaproponowała, abyśmy włączyły do dyskusji innych uczniów. Moderator spotkania był już gotowy do rozpoczęcia drugiego punktu lekcji i zaproponował nam dyskusję w formie debaty.

Mieliśmy ocenić postępowanie właścicielki psa. Okazało się, że nie możemy wypracować wspólnej opinii na temat bohaterki. Byłam zła, ponieważ uważałam, że moje zdanie było przemyślane i logiczne i że właśnie taką oceną powinna zakończyć się debata.

podsumowała tę część lekcji nauczycielka.

Ale ja i tak wiedziałam swoje! Dziewczynka w ogóle nie powinna była decydować się na psa, skoro nie umiała sobie później z nim poradzić! KIEDY PRZEKONAM WRESZCIE RODZICÓW I W NASZYM DOMU ZAMIESZKA CAVALIER KING CHARLES SPANIEL, BĘDĘ NAJLEPSZĄ PSIĄ WŁAŚCICIELKĄ NA ŚWIECIE! Już nawet wybrałam dla niego imię. BĘDZIE NAZYWAŁ SIĘ

Od angielskiego słowa ciasteczko*! Niektóre psy tej rasy mają biszkoptowo-rude łatki i wyglądają jak słodziutkie ciasteczka.

Na koniec dnia pogodziłam się z Anielą. Jako szefowa Tajnego Klubu Superdziewczyn muszę dbać o dobre relacje z członkami Klubu. Skoro niebawem wspólnie wyjeżdżamy nad morze, dobra atmosfera w naszej paczce to podstawa.

Wyjazd zbliżał się wielkimi krokami, ale poczułam go na własnej skórze dopiero wtedy, kiedy pewnego wieczoru mama zaprosiła tatę i mnie do kuchni na odprawę. Robiliśmy takie narady przed ważniejszymi wydarzeniami i oczywiście przed każdą wycieczką. Jak zwykle mama wręczyła nam przygotowane zawczasu listy niezbędnych rzeczy. Ponieważ tym razem udawaliśmy się na krótki, kilkudniowy wypad, spis był dość skromny.

---

* *Cookie* – po angielsku ciasteczko, wymowa tego słowa to właśnie „kuki".

Zapoznajcie się z LISTĄ NUMER 2: WYJAZD KRÓTKI I INTENSYWNY.

LISTA NUMER 1 nie wchodzi w grę, jest zbyt obszerna.

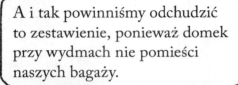

A i tak powinniśmy odchudzić to zestawienie, ponieważ domek przy wydmach nie pomieści naszych bagaży.

Przyjrzałam się swojej liście, na której widniało około dwudziestu pozycji, w tym: ubrania, buty sportowe i kalosze, bielizna, przybory do mycia, płaszcz przeciwdeszczowy i kurtka puchowa.

Mogę spokojnie zrezygnować z puchówki!

Ja też!

Mama była nieugięta. Przekonała mnie, pokazując aplikację z prognozą pogody. Rzeczywiście, zapowiadało się raczej na jesień nad morzem niż słoneczną wiosnę.

wykreśliłam z mojej listy po jednej parze krótkich spodenek i T-shirtów oraz zapasowy kostium kąpielowy i kapelusz plażowy, a zostawiłam kurtkę. Następnie zaczęłam się pakować. Planowałam wykonać to zadanie szybko i sprawnie, a potem wreszcie napisać coś na blogu. Ale wtedy olśniło mnie, że lista powinna zawierać kilka innych rzeczy! W końcu podczas wyjazdu będę obchodziła urodziny! Powinnam zabrać elegancką sukienkę, bo być może rodzice zaproszą mnie do restauracji. Do sukienki potrzebuję baletek – przecież nie mogę wystąpić w kaloszach czy trampkach. Miałam też na tę okazję zapas kolorowych czapeczek urodzinowych i girlandy z napisem „HAPPY BIRTHDAY". Wpakowałam to wszystko do walizki oblepionej z każdej strony pamiątkowymi etykietami z naszych dotychczasowych wypraw. Pewnie przekroczyłam

określony przez panią Laurę. Ale co tam! W końcu to ja będę solenizantką! NALEŻY MI SIĘ COŚ OD ŻYCIA. PRZYNAJMNIEJ W DNIU MOICH URODZIN!

 12 maja   EMI 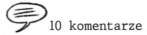 10 komentarze

Cześć wszystkim!

    Tyle się ostatnio działo, że sama nie wiem, od czego mam zacząć. Wyobraźcie sobie, że pokłóciłam się z Anielą. Tak! Właśnie z NIĄ.

    Znamy się od przedszkola i naprawdę jesteśmy MEGAPRZYJACIÓŁKAMI. Zawsze mogę na niej polegać. To właśnie my wpadłyśmy na pomysł założenia TAJNEGO KLUBU. A teraz posprzeczałyśmy się o film, który oglądaliśmy całą klasą. To było dość trudne kino i poproszono nas o wyrażenie własnej opinii. Chyba po raz pierwszy nasze zdania były tak różne. A sprawa była dla mnie bardzo ważna, bo dotyczyła opieki nad psami. Wiecie, że marzę o psie rasy cavalier king charles spaniel i zrobiłabym wszystko, aby mieć w domu czworonoga. Bohaterka filmu oddała swojego psa do schroniska. To mi się nie spodobało, ale Aniela znalazła argumenty, żeby bronić tej dziewczynki. Nie mogłam się z tym zgodzić. W końcu nasza nauczycielka przekonała mnie, że każdy patrzy

na problem z własnej strony. Ile głów, tyle może być opinii. To jest właśnie tolerancja. Już nie kłócimy się z Anielą. Przygotowujemy się do wypadu nad morze.

Muszę kończyć, bo czeka mnie pakowanie walizki.

Pa!
Wasza Emi.

 BLOG, BLOGGER, TAJNYKLUB, MEGA, EMIITAJNYKLUBSUPERDZIEWCZYN, MISJA

W DOMKU NA WYDMACH

W dniu wyjazdu nad morze obudziłam się wcześniej niż zwykle. Właściwie to postawiła mnie na nogi Czekolada, która, zaalarmowana szczekaniem psów sąsiadów, podniosła raban i niespokojnie krążyła po pokoju. Chociaż poranek był wyjątkowo przyjemny, nie bardzo chciało mi się wstawać. Niestety, cały pokój od rana zalewało słońce i zmuszało do opuszczenia łóżka. Od dawna prosiłam mamę, abyśmy wymienili moje lekkie lniane kotary na żaluzje przyciemniające. Mama upierała się jednak, że powinniśmy się otaczać naturalnymi materiałami, a nie wyrobami z plastiku, byłam więc skazana na wczesne pobudki.

    Przeciągnęłam się kilkakrotnie w pościeli, aż wreszcie spojrzałam na zegarek. Było po szóstej!

    – KURZA STOPA! – mruknęłam, bo zaplanowałam, że wstanę najpóźniej kwadrans przed czasem. Całe szczęście, że Czekolada wyrwała mnie ze snu!

– Dobry piesek! – zwróciłam się z podziękowaniem do czworonoga i zmierzwiłam jego sierść. Zwierzak natychmiast przewrócił się na bok i wystawił w moim kierunku łapę, dając sygnał do zabawy.
– O! Co to, to nie! Nie czas teraz na harce! – skarciłam go. – Musimy

POSTAWIĆ DOM NA NOGI

i ruszać w drogę. Inaczej znowu przyjedziemy jako ostatni i wszystkie dobre miejsca w domku na wydmach będą już zajęte!

Wieczorem postanowiłam, że nastawię budzik na dwie godziny przed ustaloną porą wymarszu. Przypuszczałam, że dorośli zaśpią, i

nici z wczesnego wyjazdu.

Mama zawsze powtarza, że wyjazd musi być dla niej przyjemnością, a jeśli ma się zrywać o świcie, od rana jest PODMINOWANA. Skoro jednak obudził mnie

nie sygnał zegarka, lecz Czekolada, musiałam spać tak twardo, że nic nie słyszałam albo mój alarm nie zadziałał. Stawiam na to drugie. Budziki są zawodne. Może zastąpię go aplikacją? Z drugiej strony uwielbiam swój budzik z wizerunkami superbohaterek i czułabym się bez niego opuszczona i smutna.

Błyskawicznie umyłam zęby nową szczoteczką elektryczną, w którą wyposażyła nas ostatnio mama. Budżet, jaki wydawaliśmy na wizyty u dentysty,

i szczoteczka elektryczna miała to zmienić. Potem sprawdziłam w aplikacji pogodę (tak, mama zgodziła się na zainstalowanie w moim telefonie aplikacji z prognozą pogody!) i sięgnęłam po ubranie.
Miałam przygotowane dwa zestawy:

1. LATO W PEŁNI
– miał pierwszeństwo i składał się z:

SZORTÓW
T-SHIRT
LEKKIEGO SWETERKA
DŻINSY
KONIECZNIE Z DZIURAMI NA KOLANACH
BLUZKI NA RAMIĄCZKACH
BLUZĘ Z KAPTUREM

2. LATO JESZCZE NIE PRZYSZŁO
– nie przepadałam za nim, a zawierał:

Aplikacja w telefonie potwierdzała, że

Nie miałam więc wyboru, musiałam wskoczyć w zestaw numer dwa. Potem przystąpiłam do wprowadzania mojego TAJNEGO PLANU. Przygotowałam dwie filiżanki kawy, która była tak aromatyczna, że i ja, i Czekolada kichnęłyśmy kilkakrotnie, tak nas zakręciło w nosie! Następnie zakradłam się pod pokój rodziców, aby sprawdzić, czy przypadkiem się nie obudzili. Chciałam im zrobić niespodziankę i umilić poranne wstawanie, stąd pomysł z kawą! Mega! Uchyliłam delikatnie drzwi i przekonałam się, że oboje nadal smacznie śpią, całkiem nieświadomi, że zamierzam ICH

Skoczyłam jeszcze do pokoju po mój wysłużony bożonarodzeniowy dzwoneczek, który wykorzystywałam ostatnio w różnych zabawnych sytuacjach. NIE ZAWAHAM SIĘ GO UŻYĆ! Uzbrojona w tacę z kawą i dzwoneczek wróciłam do sypialni. Tacę postawiłam na stoliczku obok łóżka rodziców i z całych sił zaczęłam pobrzękiwać dzwoneczkiem.

Pierwsza obudziła się mama. Wytrzeszczyła oczy ze zdumienia, nie rozumiejąc, co się wokół niej dzieje. Dźwięk był tak donośny, że zatkała uszy. Po chwili z pościeli wyskoczył tata.

Czekolada wesoło merdała ogonem, a ja zaczęłam wszystko wyjaśniać.

– SERIO, pomyślałem, że to ogień i że uruchomił się nasz alarm przeciwpożarowy – skomentował moją opowieść tata.

Alarm założyliśmy kilka tygodni temu, po wielkiej dyskusji i oporach ze strony mamy.

– Sam widzisz, jakie efekty dają domowe alarmy przeciwpożarowe – stwierdziła mama.

– Ale gwarantują większe bezpieczeństwo – upierał się tata, po czym sięgnął po filiżankę. – Skosztuj kawy, kochanie. Nie ma jak filiżanka espresso z samego rana – zachęcał.

Mama nie miała chyba najlepszego nastroju.

– Nie zaczynam dnia bez szklanki ciepłej wody z cytryną. Na czczo – oznajmiła.

Zmartwiłam się, że moje starania spełzły na niczym.

Wtedy mama niespodziewanie zmieniła zdanie i powiedziała:

– Ale dzisiaj zrobię wyjątek!

Rodzice zaczęli delektować się kawą, co chwila chwaląc jej aromat i oczywiście mój pomysł.

– Chciałabym, abyśmy jak najszybciej ruszyli w trasę – zakomunikowałam. – Zawsze przyjeżdżamy ostatni i przez to dla mnie zostaje najgorsze miejsce w pokoju.

– Czy wypoczynek to wyścig? – zapytała mama, przeciągając się.

– Chodzi o to, że jako szefowa Tajnego Klubu Superdziewczyn powinnam zająć najlepsze miejsce obserwacyjne! – wyjaśniłam.

Nie zanosiło się jednak na szybki wyjazd.

OSTATNIO TATA SYPAŁ JAK Z RĘKAWA NAJDZIWNIEJSZYMI PRZYSŁOWIAMI. Wydawało się, że ma gotowe powiedzenie na każdą okazję.

Mama wreszcie wstała i korzystając z tego, że tata zakończył swoją gimnastykę i zwolnił miejsce, rozciągnęła matę na podłodze ich niewielkiej sypialni. Przyjęła pozycję do ćwiczenia, które nazywało się deską, a polegało na utrzymaniu ciała nisko na łokciach i przedramionach. Podobno to świetny trening na napięcie mięśni.

Święta prawda. Pan Zwiędły i ja planujemy w tym roku przygotować się do maratonu, a potem, kto wie, może damy radę dołączyć do zawodów triatlonowych*?

Pokręciłam głową i zaproponowałam, abyśmy omówili te ich plany sportowe w drodze. Byłam już porządnie zniecierpliwiona.

Bardzo was proszę, ZAGĘSZCZAJCIE RUCHY!

---

* Triatlon – inaczej trójbój, popularna ostatnio także wśród sportowców amatorów wszechstronna dyscyplina sportowa, która łączy pływanie, jazdę na rowerze i bieganie w ramach jednego cyklu zawodów.

– Jasne. MASZ TO JAK W BANKU – odrzekł tata. – Zabieram się za poranną toaletę.

Na szczęście dla mnie i dla Czekolady rodzice w ciągu pół godziny byli gotowi do drogi. Ja w tym czasie wyprowadziłam psa na spacer, a po powrocie dałam mu porcję suchej karmy na śniadanie, bo przecież nie wytrzymałby podróży na czczo!

Wreszcie przed godziną ósmą, po zapakowaniu wszystkich bagaży oraz przypięciu Czekolady specjalnymi psimi pasami bezpieczeństwa, ruszyliśmy. Nie posiadałam się z radości!

Za kilka godzin powinnam dołączyć do Tajnego Klubu Superdziewczyn i jednego Superchłopaka. Mega!

ALE WTEDY TATA

— Tylko nie spodziewajcie się dzisiaj cudu. Jest początek długiego weekendu i tysiące osób właśnie uruchamiają swoje maszyny i pędzą w dal — powiedział beztrosko.

Nachmurzyłam się.

— Powinniśmy byli wyjechać znacznie wcześniej! — stwierdziłam.

— Wiesz, jak twoja mama nie znosi zrywać się o świcie — przypomniał mi tata.

— Mam wtedy zmarnowany cały urlop — potwierdziła mama.

Pomyślałam, że o moich wakacjach i samopoczuciu nie myśli nikt. Będę musiała poruszyć ten temat przy okazji kolejnego wyjazdu!

Zatrzymaliśmy się jeszcze w McDonaldzie i kupiliśmy śniadanie na wynos.

– Kto zdradzi pani Zwiędły, że jedliśmy śniadanie w maku, ten TRĄBA! – ostrzegła nas mama.

przyrzekł w naszym imieniu tata i prędko odpakował swoją kanapkę. – Mniam! – mruknął i zabrał się do pałaszowania bułki z jajkiem i bekonem.

Patrzyłam na niego z przerażeniem, dziobiąc powoli jogurt z owocami, jedyne danie, które wydało mi się odpowiednie do jedzenia.

Na szczęście podróż przebiegła sprawniej, niż zapowiadał tata. Autostrada była całkiem przejezdna i dojechaliśmy na wybrzeże w ciągu trzech godzin. Zrobiliśmy jeszcze po drodze dwa postoje, by rozprostować nogi i napoić Czekoladę.

Potem szosa prowadziła przez pagórkowate tereny powstałe wiele milionów lat temu, jeszcze w czasach polodowcowych. Uczyliśmy się ostatnio na lekcjach przyrody o historii naszej planety i teraz wiem, że dawniej olbrzymią część Ziemi pokrywał lodowiec*.

– Malownicza trasa. Mogłabym tak jechać bez końca – zachwycała się mama, kiedy droga opadała, a my wraz z nią, obserwując wzgórza porośnięte pięknymi lasami sosnowymi.

W końcu znaleźliśmy się u celu naszej podróży i bardzo dobrze, ponieważ nad samym morzem powitały nas jeszcze piękniejsze widoki. Poza tym Czekolada była już rozdrażniona i MIAŁAM WRAŻENIE, ŻE ZA CHWILĘ

---

* Lodowiec – masa lodu, która powstaje na powierzchni Ziemi z pokładów przekrystalizowanego śniegu i która pozostaje w ciągłym powolnym ruchu. W historii naszej planety okresy lodowcowe, takie, w czasie których znaczne części planety pokryte były lądolodem, występowały kilkukrotnie.

Obie potrzebowałyśmy przestrzeni, wolności i naszej oddanej paczki z Tajnego Klubu Superdziewczyn.

– JESTEŚ MISTRZEM KIEROWNICY! – pochwaliłam tatę, kiedy wreszcie ujrzeliśmy morze.

W ciągu kwadransa dotarliśmy w okolice posesji państwa Zwiędły. Ich nadmorski domek, który kupili całkiem niedawno, stał na skraju sosnowego lasu oddzielającego plażę od zabudowań. Na granicy piaszczystych plaż znajdowały się wydmy ozdobione roślinnością, która występuje tylko w tych stronach.

Kiedy poprzednio byliśmy nad morzem, właścicielka pensjonatu, w którym się zatrzymaliśmy, pokazała nam kilka rzadkich roślin. Miały takie zabawne nazwy! Zapamiętałam groszek nadmorski z kwiatami w pięknym liliowym kolorze, piaskownicę zwyczajną i sałatę tatarską.

Od tutejszego rezerwatu przyrody dzieliło nas tylko kilkaset kroków, a w oddali widać było latarnię morską, gdzie rozpoczęliśmy naszą akcję RATUJMY PLAŻĘ! Byłam ciekawa, jak teraz wyglądają tutejsze plaże. CZY TURYŚCI WZIĘLI SOBIE DO SERCA NASZE STARANIA I DBAJĄ O TO, ŻEBY BYŁO CZYSTO?

Po opowieściach pani Laury i obejrzeniu kilku zdjęć wyobraziłam sobie, że domek będzie maciupeńki. Kiedy jednak zobaczyłam go w REALU, byłam naprawdę zaskoczona. W niczym nie przypominał tych bungalowów podobnych do chatek na kurzej stopce z niewielkimi okienkami i wąskimi drzwiami, stojących rzędem w wielu mijanych przez nas miejscowościach wypoczynkowych. To był drewniany budynek, pomalowany na piękny szary kolor (przypominał mi piórka gołębia, który podrapał mnie, kiedy jeszcze chodziłam do przedszkola), ze sporym zadaszonym gankiem.

– MILION DOLARÓW! – wykrzyknęła mama na jego widok, kiedy zaparkowaliśmy samochód na podjeździe.

Państwo Zwiędły pojawili się na ganku wraz z Florą i powitali nas serdecznie. Czekolada natychmiast obwąchała murek i pognała na trawnik oznaczyć teren.

– Przyjechaliśmy wczoraj późnym wieczorem – poinformowała mnie konspiracyjnym szeptem Flora. – Mama chciała, aby przed waszym przyjazdem wszystko było na TIP-TOP. Dobrze, że jesteście pierwsi – dodała, puszczając do mnie oko. – Pozostali będą musieli parkować poza naszym terenem.

Rzeczywiście, podwórko nie sprawiało wrażenia wielkiego, za to całe skąpane było w zieleni.

– Lauro! To najpiękniejsza nadmorska posiadłość, jaką widziałem! – komplementował tata.

– Och, to żadna posiadłość – broniła się mama Flo. – Po prostu niewielka działka. Ale to zasługa Justyny. To ona mi poradziła, żebyśmy tu właśnie

– Sama marzę o takim domku... – przyznała mama.
– I ja! I ja! – włączyłam się.

– Co się odwlecze, to nie uciecze! – pocieszał nas tata, ale widziałam, że się zafrasował.

Państwo Zwiędły zaprosili nas do środka, po czym tata Flory zniknął w kuchni.

W całym domu pachniało jakąś niezwykłą, bardzo aromatyczną potrawą.

– Przyrządzacie chyba coś smakowitego! – Mama przystanęła i pociągnęła nosem, usiłując odgadnąć, co szykują dla nas gospodarze. – Wyczuwam tu jakieś śródziemnomorskie dania – stwierdziła po chwili.

* Ratatuj – z francuskiego *ratatouille*, tradycyjne danie kuchni wegetariańskiej, pochodzące z Prowansji, regionu w południowo-wschodniej Francji. To potrawka z sezonowych warzyw, takich jak cukinia, pomidor, bakłażan i papryka. Podobny skład ma włoska *peperonata*.

Uszczypnęłam Florę w ramię. Za chwilę będziemy mieli konkurencję! Wprawdzie nie będzie to blog o tajemnicach, tylko o jedzeniu, ale i tak może nam podebrać potencjalnych czytelników.

Tata roześmiał się bardzo głośno i powiedział:
– Bardzo chwytliwy tytuł, tylko przydługi.
– Wciąż go dopracowuję. Testuję różne tytuły i treści – odparł tata Flory.

A więc jednak. SPRAWA WYDAWAŁA SIĘ POWAŻNA! TO NIE BYŁ CHWILOWY KAPRYS.

Pan Zwiędły miał plan!

Moje przypuszczenia potwierdziły się.

---

* Blogosfera – sieć społeczna obejmująca blogi.

Z tymi słowami pan Zwiędły znów zniknął w kuchni. Tata przyniósł z samochodu nasze skromne bagaże i mogliśmy się swobodnie rozpakować.

Na widok dwóch niewielkich rozmiarów walizek pani Laura wyraziła zadowolenie, a potem oprowadziła mamę po domu.

Flora zaraz zabrała mnie do królestwa Tajnego Klubu Superdziewczyn, które znajdowało się na antresoli.

Wchodziło się tam po drewnianych schodkach tak wąskich, że wniesienie tam walizki graniczyło z cudem.

Wtedy Flo wpadła na GENIALNY POMYSŁ!
– Nie martw się. Rozpakujecie się na dole, w schowku pod schodami. Potem ustawimy się taśmowo i podając sobie rzeczy z rąk do rąk, przeniesiemy wszystko na górę! – zaproponowała z błyskiem w oku.

Zeszłyśmy do schowka pod schodami i otworzyłyśmy go.

– O! – wydałam okrzyk zdziwienia. Czyżby ktoś jeszcze poza mną pomyślał o moich urodzinach?

Na środku pomieszczenia leżała girlanda ze sztucznych kwiatów z napisem HAPPY BIRTHDAY, a obok kolorowe papierowe czapeczki i mnóstwo innych dekoracji.

Spojrzałam na Flo, która zrobiła się CZERWONA JAK BURAK.

I wszystko na nic! Zupełnie zapomniałam, że ukryłyśmy tutaj gadżety na twoje urodziny!

CAŁA NIESPODZIANKA SPALIŁA NA PANEWCE!

Natychmiast się wycofałam.
– Szybko zamykam oczy – powiedziałam. – Udawajmy, że nic nie widziałam!
– Ale przecież widziałaś – upierała się Flora. – MIAŁO BYĆ PIĘKNIE, A WYSZŁO JAK ZWYKLE.
Na szczęście w tym momencie usłyszałyśmy szczekanie Czekolady, która cały czas była na podwórku. Zmartwiłam się, bo pies cioci Julii jest raczej łagodny. Nerwowo reaguje jedynie na mniejsze od siebie czworonogi, czyli szczeniaki, małe pieski i koty.
– Coś się dzieje. Musimy ratować sytuację! – huknęłam i pobiegłam w kierunku wyjścia.
Na zewnątrz czekała nas niespodzianka. Przed drzwiami stali pozostali członkowie naszego gangu – Aniela, Faustyna i Franek. Profesor, który przywiózł całą tę wycieczkę, tkwił przy samochodzie; na dachu auta leżał domek Fiolki, a Czekolada krążyła wokół, głośno ujadając.
– JAK PIES Z KOTEM! – stwierdziła Flora. – Tak przypuszczałam, że zwierzakom nie spodoba się ta wyprawa.
– Muszą się dostosować – rzekł profesor. – Powinniście popracować nad ich relacjami. W dzisiejszych czasach każdy powinien się wykazywać elastycznością!
Tymczasem na podwórko, przyciągnięci hałasem, wylegli rodzice Flory i moi.

– Jesteśmy na wakacjach – oświadczył pan Zwiędły i zwrócił się do profesora: – Porzućmy na najbliższe dni język wielkich biur, naszpikowany dedlajnami*, relacjami i innymi korporacjami**! – I dodał: – A teraz zapraszam wszystkich na moje popisowe danie! Panie i panowie, RATATUJ FRANCUSKO-WŁOSKI!

W pomieszczeniu obok kuchni, gdzie stały ratanowe krzesła i wielki stół, tata Flory zaserwował nam późny obiad. Jedzenie było wyśmienite, a przy stole panowała wspaniała atmosfera! Zachwytom nie było końca.

– TO JEST OBIAD MISTRZÓW! – orzekł tata.
– Ja znam tylko ŚNIADANIE MISTRZÓW*** – zauważył profesor.
– Śniadanie też przyrządzę pierwszorzędne. Co powiecie na jajecznicę na boczku? – zawołał pan Zwiędły, uwijając się z dokładkami.
– Ja tylko miałem na myśli książkę... – westchnął profesor, ale nikt go nie słuchał, bo wszyscy pałaszowali kolejne porcje ratatuja.

Tylko biedna Czekolada musiała się obejść smakiem, bo na wszelki wypadek postanowiliśmy zostawić ją na dworze.

---

* Dedlajn – spolszczona wersja angielskiego słowa *deadline* stosowanego zwykle w firmach do określania terminów projektów i zadań.
** Korporacja – bardzo duże przedsiębiorstwo, często międzynarodowe.
*** Śniadanie mistrzów – nawiązanie do powieści amerykańskiego pisarza Kurta Vonneguta *Śniadanie mistrzów, czyli żegnaj, czarny poniedziałku.*

 14 maja  EMI 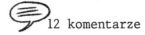 12 komentarze

ELO!

Uff! Jesteśmy wreszcie nad morzem i mieszkamy w domku przy wydmach. Mam dzisiaj na swoim koncie same sukcesy. Udało mi się wyciągnąć rankiem z łóżka moich rodziców i dojechaliśmy na miejsce wczesnym popołudniem. Byliśmy tu pierwsi, nie licząc oczywiście państwa Zwiędły. Ale oni są gospodarzami i chcieli nas godnie przywitać. Mam też dla Was sensacyjną wiadomość. Pan Zwiędły, tata Flory, planuje uruchomić własny blog kulinarny. Nie byłoby w tym nic dziwnego, bo przecież od zawsze wiadomo, że najlepszymi kucharzami są panowie. Faktem jest jednak, że tata Flo ma dwie lewe ręce do gotowania. Sam przyznał, że potrafi przypalić nawet wodę! Będzie dużo śmiechu, jak wreszcie odpali bloga. Obserwujcie go!

Wydało się też, przez całkowity przypadek, że paczka z Tajnego Klubu szykuje się do hucznego obchodzenia moich urodzin (to już jutro!). Flora niechcący pokazała mi dekoracje, jakie ze sobą przywieźli. Jestem bardzo ciekawa, co się wydarzy!

Naprawdę liczę na to, że moi rodzice wiedzą, co naprawdę sprawiłoby mi radość! Jedynym prezentem, na jaki czekam, to żeby się zgodzili na psa. Słodkiego CAVALIERA KING CHARLES SPANIELA. Mojego Kukiego!

Trzymajcie za mnie kciuki!

Do usłyszenia!
Wasza Emi.

 BLOG, BLOGGER, TAJNY KLUB,
MEGA, EMI I TAJNY KLUB SUPERDZIEWCZYN, MISJA

WEJŚCIE SMOKÓW I HORROR

Późny obiad przeszedł we wczesną kolację i okazało się, że pierwsze nadmorskie popołudnie spędziliśmy na biesiadowaniu.

– Wolałabym podziwiać zachód słońca na plaży, zamiast siedzieć przy stole – marudziła Flora, kiedy jej mama zachęcała nas do spróbowania sałatki z jarmużu i zielonego groszku.

– To najzdrowsze danie na świecie. Do tego przepyszne – przekonywała. – Kochanie, czy wyprawa na plażę przy takiej pogodzie ma sens? Możemy nawet nie dostrzec zachodzącego słońca. Całe niebo zasnute jest chmurami. Na dworze zrobiło się paskudnie i zimno – ciągnęła, jakby chciała nas zniechęcić do wystawienia nosa poza dom.

– Nie ma złej pogody, Lauro. Są tylko nieodpowiednie ubrania – stwierdził profesor. – Ja chętnie zaopiekuję się najmłodszymi, a wy bawcie się w zaciszu domowym.

To nam się spodobało! Pan Kaganek stanął na wysokości zadania.

– Wiara! Zbierajcie się! – zwrócił się do nas, po czym wydał komendę: – Zbiórka w pełnym rynsztunku za pięć minut! Wymagana ciepła odzież! Rozbiegliśmy się po kurtki i wszystko, co mogłoby się w tej chwili przydać. Całe szczęście, że posłuchałam mamy i spakowałam puchówkę, a nawet dorzuciłam czapkę! Inaczej

W następnej chwili staliśmy już wszyscy przy drzwiach wyjściowych i czekaliśmy na Franka oraz profesora, którzy zniknęli gdzieś w głębi domu. Zabawny był z nas zastęp! Aniela wyglądała na świetnie przygotowaną do wymarszu – nie muszę chyba dodawać: JAK ZWYKLE? W końcu jej mama była kiedyś harcerką. Aniela nie dość, że była wyposażona w profesjonalne obuwie i kurtkę, to jeszcze pamiętała o latarce i niewielkiej podręcznej saperce!

Faustyna miała na sobie puchową kamizelkę, do tego zimową czapkę i rękawiczki, za to na nogach... sandały!

– Może warto, żebyś założyła jakieś zakryte buty? Na przykład trampki? – zaproponowała moja mama, ale ona odmówiła grzecznie, twierdząc, że to specjalne traperskie sandały idealne na wędrówki.

– Chyba po plaży w słoneczny dzień – mruknął Franek, ale Fau w ogóle się tym nie przejęła.

Flora za to się przyznała, że w ogóle nie spakowała nic ciepłego poza jedną bluzą i dżinsami, więc teraz włożyła kurtkę swojej mamy.

– Całe szczęście, Lauro, że masz taką mikrą kurteczkę, która pasuje na twoją córkę – powiedział mój tata.

Pani Laura uśmiechnęła się z dumą.

– Zgubiłam jeden rozmiar dzięki intensywnym ćwiczeniom. Mam wielką motywację i wierzę, że uda mi się wziąć udział nawet w triatlonie!

Tata zapalił się do tematu i oboje pogrążyli się w pasjonującej dyskusji na temat żmudnych przygotowań do triatlonu.

Byliśmy już zniecierpliwieni przedłużającym się oczekiwaniem, gdy wreszcie pojawili się profesor z Frankiem. To było PRAWDZIWE WEJŚCIE SMOKA! A NAWET DWÓCH SMOKÓW.

Najpierw zauważyliśmy WŚCIEKLE ŻÓŁTE płaszcze przeciwdeszczowe z wielkimi kieszeniami, a DOPIERO POTEM ZORIENTOWALIŚMY SIĘ, CO, A WŁAŚCIWIE KTO SIĘ KRYJE W ICH WNĘTRZU. Przy czym okrycie Franka było na niego stanowczo za duże i sięgało mu do połowy łydek. Na głowach obaj panowie mieli kapelusze wykonane z tego samego materiału.

Po namyśle doszłam do wniosku, że strój profesora Kaganka wydaje mi się dziwnie znajomy. Ależ tak! To był ten sam płaszcz, który tata Franka miał na sobie, kiedy śledziłam go podczas akcji pod hotelem LUX!*

– Wyglądacie, jakbyście przygotowywali się na potężne uderzenie sztormu – ocenił mój tata, który na

---

* Jeśli chcesz poznać historię profesora Kaganka, zapraszamy do pierwszego tomu opowiadań z serii *Emi i Tajny Klub Superdziewczyn*.

widok żółtych płaszczy przerwał zajmującą konwersację z mamą Flory.

Pan Zwiędły także nie mógł się powstrzymać od komentarza.

– Takie stroje widywałem dotąd tylko w filmach katastroficznych – zauważył. – Czy my tu kręcimy film pod tytułem *DWAJ ROZBITKOWIE Z SAMOTNEGO KUTRA WALCZĄ O PRZETRWANIE NA WZBURZONYM OCEANIE?*

WSZYSCY WYBUCHLI ŚMIECHEM. ALE NIE PROFESOR I FRANEK. ONI BYLI ŚMIERTELNIE POWAŻNI.

– Na dworze jest ZIMNO JAK NA SYBERII! – powiedział profesor – Musimy być przygotowani na WSZELKIE OKOLICZNOŚCI. Aura nad morzem potrafi być SZALONA!

– Mamy też pelerynę przeciwdeszczową dla Czekolady! – z dumą obwieścił Franek. – Popatrzcie! – zawołał i pokazał nam jakiś pakunek.

Stłoczyliśmy się wszyscy obok niego, aby dokładnie obejrzeć to cudo. To byłoby pierwsze ubranie psa cioci Julii!

– Skąd taki pomysł? – zapytał mój tata.

– Kupowaliśmy parę ciuszków dla Fiolki i pomyśleliśmy, że Czekolada nie może być gorsza – wyjaśnił profesor, a Franek zademonstrował nam nowy nabytek.

Było to piękne granatowe okrycie z czerwonymi lamówkami wykonane z materiału podobnego do tego, z jakiego szyje się wiatrówki. Miało kaptur, zapięcia na rzepy i ściągacze. Przypominało trochę obszerną bluzę z kapturem zakładaną przez głowę, taką z rękawami do łokci.

Pani Laura także zainteresowała się pelerynką i stwierdziła filuternie:

– Musieliście odwiedzić jakiś LUKSUSOWY BUTIK ZE STROJAMI DLA ZWIERZĄTEK.

– Ależ nie – bronił się profesor. – Zrobiliśmy po prostu zakupy przez internet.

Pani Zwiędły uśmiechnęła się słodko.

– Dobrze znam tę markę – rzekła. – To *I Love My Dog*. Ubranka tej marki są dostępne tylko w jednym miejscu w mieście. Interesowałam się psimi gadżetami, kiedy planowaliśmy powiększyć naszą rodzinę o psa. Nie ma się czego wstydzić, profesorze!

– Poddaję się. – Pan Kaganek poczerwieniał na twarzy. – Ale zakupy w zwierzęcym butiku to był pomysł Franka!

Franek wcale się tym nie przejął i oświadczył z dumą:
– Fiolka zasługuje na najlepsze rzeczy.

Potem opowiedział nam o wizycie w sklepie i o tym, jak kotka przymierzała różne stroje.

– FIOLKA UWIELBIA SIĘ STROIĆ – podsumował. – Ma teraz w swojej malutkiej szafie pełno ubranek. Część z nich zabraliśmy na wyjazd!

Ucieszyłyśmy się, bo bardzo chciałyśmy zobaczyć Fiolkę w jej strojach. W końcu profesor nam przerwał i stwierdził, że ciuszki będziemy podziwiać po powrocie z wycieczki, bo się ściemnia i nie obejrzymy ani zachodu słońca, ani okolicy. Miał rację. Od późnego obiadu, który zamienił się w kolację, minęło już trochę czasu i zaczynało zmierzchać. Wymaszerowaliśmy więc szybko z domku i udaliśmy się na wycieczkę. Ja jednak nie mogłam przestać myśleć o zakupach dla Fiolki. Kto by się spodziewał, że FRANEK TAK SIĘ WKRĘCI W OPIEKĘ NAD KOTKĄ?

Ruszyliśmy ścieżką przyrodniczo-rowerową, która prowadziła wzdłuż zatoki przez Nadmorski Park Krajobrazowy. Co chwilę jednak musieliśmy się zatrzymywać albo schodzić na bok. Bez przerwy mijali nas rowerzyści – jedni jechali w grupach, inni samotnie mknęli przed siebie.

Zawstydziłam się. Nie wiem, czym bardziej: czy naszą kłótnią, czy tym, że zgubiliśmy jednego członka naszego Klubu. Jestem przecież szefową Tajnego Klubu Superdziewczyn i powinnam wiedzieć, co się dzieje!

Ale pan Kaganek zręcznym ruchem zakrył synowi usta i usłyszałyśmy tylko bardzo niewyraźne mamrotanie.

– To jaki tytuł miał ten film? – dopytywałyśmy później Franka, ale był na nas bardzo obrażony i nie chciał nic zdradzić. Sprawdzimy potem w sieci, na pewno wszystkiego się dowiemy.

Aniela musiała się GĘSTO TŁUMACZYĆ z powodu SAMOWOLNEGO ODDALENIA SIĘ OD GRUPY. I nie pomogło wyjaśnienie, że chciała się przyjrzeć rzadkim gatunkom roślin.

– Zepsułyście świetny wypad do Parku Krajobrazowego – zaczął nas obwiniać Franek. – Za zimno, za ciemno, na dodatek jedna z was się zgubiła. NIE MA CO! DOSKONAŁY TAJNY KLUB SUPERDZIEWCZYN.

Po powrocie do domku na wydmach ogrzaliśmy się przy kominku, który pan Zwiędły uruchomił w czasie naszej nieobecności. Musieliśmy zdać relację z naszej krótkiej eskapady. Postanowiono, że jutro po południu odbędzie się przejażdżka rowerowa do Nadmorskiego Parku Krajobrazowego.

– Skoro nic nie zobaczyliście poza światłem z latarki Anieli, jutro musimy nadrobić te braki – uzgodnili dorośli.

– Hura! – ucieszył się Franek i w końcu przestał się dąsać.

Świetnie, bo przed pójściem spać należało jeszcze podjąć decyzje dotyczące naszych czworonogów, a trudno się rozmawia, kiedy ktoś ma FOCHA.

– Musimy zdecydować, gdzie będzie spała Fiolka, a gdzie Czekolada – rzekła Flora.

– Psy czasem sypiają na podwórku – stwierdziła Aniela.

Nie mogłam uwierzyć, że to powiedziała!

– Czekolada jest psem domowym – wyjaśniłam. – To członek rodziny. I nigdy nie sypia na zewnątrz.

– I nie ma obowiązku pilnowania dobytku przed złodziejami – dodał Franek.

– Biedne są te psy uwiązane na łańcuchach, które muszą strzec mienia – zauważyła Faustyna.

Aniela poczerwieniała, chyba ze wstydu, i znów zaczęła SIĘ GĘSTO TŁUMACZYĆ:

– Ależ ja wcale nie chciałam, żeby Czekolada przesiedziała całą noc na dworze!

Na szczęście Flora zaproponowała, że przygotuje Czekoladzie miejsce do spania pod schodami, obok składziku.

– Hi, hi – zaśmiała się Fau. – Ale ten pies MA FARTA. Zamieszka w komórce pod schodami. Zupełnie jak Harry Potter w domu państwa Dursleyów*.

– Fiolka niech zostanie razem z nami na antresoli – zadecydowała Flora.

– KOTY GÓRĄ! – zawołał entuzjastycznie Franek.

Spojrzałyśmy na niego z wyrzutem.

– No co tak na mnie patrzycie? – zapytał zmieszany. – Nie mam nic złego na myśli. Po prostu kot zaśnie na piętrze, a pies na parterze. Jeden na górze, drugi na dole.

Wzruszyłam ramionami, bo takie były fakty.

---

* Rodzina Dursleyów – zgodnie z powieścią J.K. Rowling, przedstawiającą historię najsławniejszego czarodzieja wszech czasów – Harry'ego Pottera, Dursleyowie to mugolska rodzina siostry mamy chłopca, do której oddano malutkiego Harry'ego po tym, jak stracił rodziców.

– TO NAJPRAWDZIWSZE FAKTY – rzekła Flora, jakby czytała mi w myślach. – Ale brzmi, jakby Czekolada i Fiolka rywalizowały ze sobą.
– Nie ma nieprawdziwych faktów – poprawiła ją Faustyna. – FAKTY SĄ ZAWSZE FAKTAMI. I JUŻ. Ale zgadzam się, że nasze czworonogi nie powinny być ze sobą skłócone. A poza tym, o ile dobrze pamiętam, Fiolka ma lęk wysokości!

jeśli zechcemy umieścić ją na antresoli – dodała.
„Ups!" – pomyślałam, a głośno powiedziałam:
– Zróbmy tak, jak proponuje Flora. Inaczej NIE ZMRUŻYMY OKA, bo Fiolka i Czekolada nie zasną obok siebie.
Na szczęście Flo była tego samego zdania.
– Nie wybrzydzajcie. MAMY OGRANICZONE MOŻLIWOŚCI LOKALOWE – oświadczyła i jasne było, że zwierzaki mają już przypisane miejsca noclegowe.
Niedługo potem zaszyliśmy się na antresoli. Najpierw jednak przygotowałam posłanie Czekoladzie,

pożegnałam się z nią czule, po czym wpakowałam się do łóżka. Niestety, nie mogliśmy zasnąć. W domku było bardzo ciepło, bo pan Zwiędły napalił porządnie w kominku. Poza tym mieliśmy wypchane brzuchy, bo zjedliśmy dzisiaj naprawdę CAŁĄ FURĘ SMAKOŁYKÓW i do tego nadal byliśmy pod wpływem adrenaliny, która podniosła się nam w czasie nocnej eskapady.

Jestem taka pełna, że chyba za chwilę stoczę się ze schodów jak piłka.

Chyba jak Fiolka. Jak Fiolka karmiona przez Franka!

— Żartujecie sobie ze mnie, ale tak naprawdę dopiero JA porządnie zaopiekowałem się tą kotką — oznajmił chłopiec. — Wiem o kotach WSZYSTKO! — dodał.

Dziewczyny mruknęły niezadowolone, bo nie lubiły, kiedy Franek przechwalał się swoją wiedzą.

— Jeśli nie wierzycie, zrobię wam krótki KOCI quiz — zaproponował.

– Dobra – odezwała się Flo. – Jestem całkiem niezła z przyrody.

Aniela, Fau i ja też na to przystałyśmy.

Franek przystąpił więc do quizu.

– Będą tylko dwa pytania. Jeżeli znacie odpowiedzi, ZWRACAM WAM HONOR. JESTEŚCIE KOCIMI EKSPERTAMI. – Potem zatarł ręce i zawołał: – DO BIEGU, GOTOWI, START!

Pytanie pierwsze:
CZEGO NIE POTRAFI KOT?

1. PŁYWAĆ,
2. WIDZIEĆ W CIEMNOŚCIACH,
3. WSPINAĆ SIĘ,
4. CHOWAĆ PAZURÓW WE WSZYSTKICH ŁAPACH.

Spojrzałyśmy na siebie i zrobiłyśmy skwaszone miny. To jednak nie było proste pytanie.

Franek ulitował się nad nami i zaczął nas zachęcać do gry zespołowej.

– Możecie udzielić odpowiedzi jako grupa. Ale z grupy wykluczamy DOKTORA GOOGLE'A*!

---

* Doktor Google – żartobliwie o wyszukiwarce Google, w której można znaleźć odpowiedzi na wszelkie pytania, także medyczne, stąd wyszukiwarka popularnie nazywana jest „Doktorem Google".

Stłoczyłyśmy się na jednym łóżku i rozpoczęłyśmy naradę. Nie mogłyśmy jednak wybrać wspólnej odpowiedzi i w końcu zagłosowałyśmy. Aż trzy z nas uważały, że koty nie umieją pływać.

– Jestem pewna, że to jest poprawna odpowiedź – przekonywała nas Flo. – Koty po prostu NIE ZNOSZĄ WODY.

Aniela i ja byłyśmy gotowe ją poprzeć. Tylko Faustyna kręciła przecząco głową.

– To, że koty nie lubią wody, nie oznacza, że nie umieją pływać – mówiła.

Nie miała jednak kontrpropozycji. W końcu więc zdecydowałyśmy się na taką odpowiedź.

Franek przyjął ją ze spokojem. A my byłyśmy pewne, że trafiłyśmy.

– Moje panie – ogłosił. – Właściwa odpowiedź to:

– Jak to?! – krzyknęła wzburzona Flora. – Przecież każde dziecko wie, że kotom rozszerzają się w ciemnościach źrenice i dzięki temu widzą wszystko!

– Niestety, nie. Gdybym postawił Fiolkę w całkowitej ciemności na tej antresoli, zapewniam was, że nie zobaczyłaby niczego. Kotom rozszerzają się źrenice przy minimalnym oświetleniu, bo zwierzęta te POTRZEBUJĄ SZEŚĆ RAZY MNIEJ ŚWIATŁA NIŻ LUDZIE. Ale w kompletnym mroku są bezradne, bo aby widzieć, potrzebują chociaż trochę światła.

– Mówiłam wam, że koty umieją pływać – włączyła się do rozmowy Faustyna. – To nie jest ich ulubione zajęcie, ale poradzą sobie w wodzie.

Westchnęłyśmy ciężko. Pierwszą rundę przegrałyśmy.

– Zatem pytanie numer dwa – oświadczył Franek. – Wyjaśnijcie, DO CZEGO KOTU POTRZEBNE SĄ WĄSY. Jeśli wskażecie poprawną odpowiedź, uznamy, że mamy REMIS.

Wyliczył cztery różne odpowiedzi:
1. DO OZDOBY,
2. DO PRAWIDŁOWEGO DZIAŁANIA ZMYSŁU DOTYKU,
3. DO CZYSZCZENIA PYSZCZKA,
4. DO ZACHOWANIA RÓWNOWAGI.

– Odpowiemy w grupie – poinformowałam go po krótkiej naradzie z dziewczynami.

– Teraz musimy naprawdę WZIĄĆ SIĘ W GARŚĆ – zagrzewała nas do boju Flo. – Nie możemy położyć tego pytania.

– A ja uważam, że powinnyśmy zdać się na Fau – powiedziała Aniela. – W końcu to ona zna się na kotach najlepiej z naszej czwórki.

– Racja – zgodziłam się. – Faustyna ma głos!

– To proste – powiedziała Fau. – Musimy wyeliminować dwa punkty: urodę i czyszczenie pyszczka.

– Ale kociaki tak cudnie wyglądają z wąsami! Albo kiedy myją sobie pyszczki! – rozczulała się Aniela.

– To prawda. Ale wąsy pomagają kotu utrzymać równowagę i orientować się w otoczeniu – ciągnęła Faustyna. – Dużo o tym czytałam. Dowiedziałam się, że dzięki wąsom kot potrafi sprawnie się poruszać i polować nawet w zupełnych ciemnościach.

Faustyna przedstawiła odpowiedź Frankowi.

– Już chciałem dać wam KOŁO RATUNKOWE – zażartował. – Ale widzę, że jesteście prawdziwymi kocimi ekspertkami!

– Mamy remis! – wykrzyknęła Flora, aż biedna Fiolka, która drzemała w swoim domku, miauknęła przerażona.

– Kładźmy się. Jutro czeka nas długi dzień – mruknęła Fau.

Spojrzałam ukradkiem na swój telefon. DO MOICH URODZIN POZOSTAŁA GODZINA! Będę starsza o rok i być może niedługo stanę się właścicielką CAVALIERA KING CHARLES SPANIELA! Mega!

# Z TAJNEGO BLOGA EMI

 15 maja   EMI 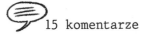 15 komentarze

Hej!

Trzymajcie się mocno. Wczoraj miały miejsce wydarzenia jak z horroru. Wybraliśmy się na przechadzkę do Nadmorskiego Parku Krajobrazowego. Niestety, daleko nie zaszliśmy, bo ścieżką pędziło mnóstwo rowerzystów. Za to udało się nam zgubić Anielę. Na szczęście miała ze sobą latarkę i składaną saperkę swojej mamy i sama się znalazła.

Zanim przekonaliśmy się, że to naprawdę Aniela, a słyszeliśmy tylko czyjś głos, Franek chciał koniecznie, aby właściciel głosu przekonał nas, że jest Anielą. Wyobraźcie sobie, że gubicie się w lesie i kiedy już się znajdujecie, Wasi przyjaciele nie dowierzają, że to Wy. Komedia pomyłek, prawda? Franek twierdzi, że w horrorach zdarza się bardzo często, że dziwne osobniki podszywają się pod normalnych ludzi i potem są z tego same kłopoty. Nie oglądam takich filmów. Rodzice pozwalają mi oglądać tylko dobre kino dla dzieci. O horrorach nie ma mowy. I dobrze, bo przecież nie mogłabym potem zasnąć ze strachu.

Dzisiaj też chyba nie zasnę. Tym razem z emocji. Już za kilka godzin są moje urodziny! Będzie MEGA. Po raz pierwszy spędzam urodziny na wyjeździe z całym Tajnym Klubem. Poza tym być może rodzice sprawią mi NAJWIĘKSZY PREZENT WSZECH CZASÓW i zgodzą się na psa! Wiecie przecież, że marzę o cudownym cavalierze king charles spanielu. O moim Kukim!

To będzie słodki dzień.

Pa!
Wasza Emi.

 BLOG, BLOGGER, TAJNYKLUB, MEGA, EMIITAJNYKLUBSUPERDZIEWCZYN, MISJA

H'BDAY! WCALE NIE DOSTAŁAM (PRAWDZIWEGO) PSA

Sypialnia na antresoli to chyba najfajniejsze miejsce w domku na wydmach, a może nawet w całej okolicy! Myślałam o tym, kiedy wszyscy wokół już spali w najlepsze, a ja ciągle nie mogłam zasnąć. WIERCIŁAM SIĘ I PRZEWRACAŁAM Z BOKU NA BOK. POLICZYŁAM JUŻ WSZYSTKIE BARANY I… NIC. Wewnątrz było całkiem ciemno. Tak ciemno, że nawet Fiolka nie byłaby w stanie nic zobaczyć. Spała zwinięta w kulkę w swojej chatce, więc nie przypuszczam, żeby miała teraz ochotę na buszowanie w EGIPSKICH CIEMNOŚCIACH.

Starszyzna zakwaterowała się na dole: państwo Zwiędły i moi rodzice zajęli sypialnie, a profesor Kaganek miał spać na kanapie przy kominku. Tak przynajmniej uzgodnili w trakcie kolacji. Ale to my, Tajny Klub Superdziewczyn, mamy WDECHOWĄ SYPIALNIĘ. I nie ulega wątpliwości, że to

MEGAKRYJÓWKA. Jest wyposażona w niezawodny element zniechęcający rodziców do ciągłego sprawdzania, co my właściwie robimy tam na górze. Ten element to KRĘTE I WĄSKIE SCHODY prowadzące na górę z korytarza na parterze. Obgadaliśmy to, zanim wszyscy zapadli w głęboki sen po pierwszym wyczerpującym dniu spędzonym nad morzem.

– Świetnie to sobie WYKOMBINOWAŁAŚ – pochwalił Florę Franek.

– Zawsze chciałam mieć w pokoju piętrowe łóżko. Skoro to nie wyszło, poprosiłam rodziców, aby ta antresola należała do mnie – wyjaśniła Flo.

– Dobrze, że udało się wcisnąć aż pięć materaców – zauważyłam z uznaniem i dodałam: – Inaczej nie pomieścilibyśmy się tutaj.

– E! Na biwaku wszystko jest możliwe – stwierdziła Aniela. – Spalibyśmy poupychani

zachichotała. – Zupełnie jak kiedyś moja mama,

kiedy jeździła na obozy harcerskie.

Teraz, gdy tak leżałam w ciemności, przypomniałam sobie, że podobne sypialnie znajdowały się w pensjonacie „Nadmorska osada", w którym zatrzymaliśmy się podczas poprzedniego pobytu nad morzem. A więc Flora

 SPAPUGOWAŁA

pomysł z sypialnią na antresoli. Ale niech jej będzie, to MEGAPATENT. Wracając jednak do „Nadmorskiej osady", myślę, że powinniśmy opisać ten wyjazd na blogu Tajnego Klubu Superdziewczyn. Mieliśmy wtedy mnóstwo przygód!

Znowu zaczęłam liczyć barany. A sen nadal nie przychodził. Może dlatego, że tak bardzo czekałam na mój urodzinowy poranek? Już wkrótce okaże się, czy będę miała psa! Zadręczam rodziców tym tematem od wielu tygodni. Ostatnio DAŁAM IM TROCHĘ LUZU, aby sami mogli przemyśleć tę decyzję. Byłoby cudownie, gdyby rano zjawił się tutaj słodziutki cavalier. Mój Kuki! Chociaż nie! Sama chciałabym go wybrać! Najlepiej, aby mój przyjaciel pochodził ze schroniska.

Dałabym mu wtedy drugą szansę i nowy dom. Chociaż jest to mało prawdopodobne. Psy tej rasy rzadko trafiają do schronisk. Cavaliery są naprawdę wspaniałe! Dowiedziałam się ostatnio, że właściciele nazywają je „gąbkami miłości"*. Jakiś czas temu spotkałam na naszym osiedlu panią z biszkoptowym cavalierem, która pozwoliła mi się z nim pobawić. PRZEPROWADZIŁAM Z NIĄ WYWIAD na temat opieki nad zwierzakiem. To właśnie ona powiedziała mi, że te psy po prostu uwielbiają być kochane i chłoną miłość jak gąbka!

Wreszcie poczułam, że naprawdę chce mi się spać.

Gdyby coś mi nie przeszkodziło, spałabym pewnie do południa. Jednak okazało się, że człowiek nie może się PORZĄDNIE WYSPAĆ nawet nad morzem, i to w dzień swoich urodzin. A więc ze snu wyrwał mnie jakiś hałas. Z trudem otworzyłam najpierw jedno oko, potem drugie. I wtedy hałas przeszedł we wrzask. Zobaczyłam nad sobą dobrze znane mi twarze. Moi przyjaciele, uśmiechnięci od ucha do ucha, otwierali szeroko usta, aby zaśpiewać jak najgłośniej *STO LAT!* Nawet Czekolada się przyłączyła, poszczekując z zadowoleniem. Wszyscy się przekrzykiwali, a ja o mało nie ogłuchłam. Następnie wyciągnęli mnie z łóżka i kazali mi wyjrzeć z antresoli.

---

* Gąbka miłości – anglojęzyczni właściciele pasów rasy cavalier king charles spaniel nazywają je *sponge love*.

Kręte schodki ozdobione były kolorowymi flagami z napisami, rysunkami tortów i kwiatów. Obok drzwi wejściowych zwisały pęki różnobarwnych balonów, tu i ówdzie dyndały kwiatowe girlandy.

Zbiegłam po schodach prosto w objęcia rodziców.

Za mną zeszli na dół moi przyjaciele i wszyscy razem udaliśmy się do jadalni.

Na progu powitał mnie pan Zwiędły.

– Miałem nadzieję, że przygotuję na twoje urodziny specjalną śniadaniową wersję mojego ratatuja – rzekł. – Niestety, zabrakło składników.

– Jakie szczęście! – zawołała Flora i przewróciła oczami.

Moim zdaniem było to trochę niegrzeczne i jej tata mógł się poczuć urażony, choć z drugiej strony mnie też wcale się nie uśmiechała druga w ciągu doby porcja jego popisowego dania!

Zauważyłam, że stół w jadalni przykryty jest wielkim obrusem. Liczne wypukłości zdradzały, że pod spodem znajdują się jakieś przedmioty.

– Czy coś tam ukrywacie? – zapytałam podejrzliwie.

Serce zaczęło mi bić w przyspieszonym tempie, bo zaraz sobie wyobraziłam, że pod serwetą siedzi mój WYMARZONY KUKI!

– Niespodzianka! – zawołała pani Laura. – Urodzinowe śniadanko składa się z samych delicji!

Mama Flo zdjęła przykrycie i wtedy CZAR PRYSŁ. Moim oczom ukazało się MEGAOBFITE I ELEGANCKIE ŚNIADANIE. ALE PIESKA ANI ŚLADU! Jedynym pocieszeniem było to, że wśród dań znalazły się przepyszne rogaliki śniadaniowe pani

Laury, które po prostu UWIELBIAM. Tworzyły malowniczą piramidkę na szklanej paterze, która stała dokładnie na środku stołu. Rzuciłam się łapczywie na ulubione specjały, i wtedy TO SIĘ STAŁO. Zawadziłam rękawem piżamy o dzbanek. Naczynie przewróciło się, a na stół zaczął się sączyć zielonkawy napój.

Był to DOŚĆ OBRZYDLIWY widok.

„To na pewno jeden ze zdrowych koktajli pani Laury" – pomyślałam, po czym błyskawicznie złapałam za uchwyt dzbanka i postawiłam go z powrotem.

Na stole została jednak zielona plama.

– Nic się nie stało! – zapewniła mnie mama Flo. – Szkoda tylko, że skończyły mi się zapasy jarmużu i nie mogę wam dorobić koktajlu.

Myślę, że niejedna osoba z Tajnego Klub Superdziewczyn była zadowolona z takiego obrotu sprawy, bo za koktajlem jarmużowym nie przepadaliśmy, mówiąc wprost.

– Poradzimy sobie! – zakrzyknął z kuchni pan Zwiędły. – Dla kogo jajecznica?

Wszyscy zamówiliśmy jajecznicę. Niektórzy dostali wariant ze szczypiorkiem, inni na boczku.

– Pycha – wymruczał Franek, pałaszując plasterek boczku, i poklepał się po brzuchu.

– Fee! – Aniela skrzywiła się z obrzydzeniem. – To sam TŁUSZCZ!

Franek z lubością wciągnął drugi plasterek, trzeci zaś uniósł wysoko i zawołał:

– A to dla Czekolady!

Pies oczywiście już siedział przy nim i spoglądał tęsknym wzrokiem na kawałek mięsa.

– Czekolada dostaje tylko suchą karmę – oświadczyłam.

– DAJMY JEJ DZISIAJ FORY – zaproponował tata. – W końcu to twoje urodziny, więc i psu należy się jakiś przysmak.

– No dobra – zgodziłam się. – Ale tylko ten jeden, jedyny raz. Mam umowę z ciocią Julią, muszę pilnować diety Czekolady.

Stół uginał się pod różnymi smakołykami i wszyscy tak się zajadali, aż im się uszy trzęsły. Ja zaczęłam się już nieco denerwować, bo przecież W DNIU URODZIN DOSTAJE SIĘ PREZENTY! Czas mijał, rodzice wypijali drugą kawę, A PO MOIM PREZENCIE ANI ŚLADU!

W końcu postanowiłam nieco ułatwić moim bliskim zadanie.

– Pójdę się przebrać – powiedziałam. – Tylko ja jedna nadal jestem w piżamie.

Mama zareagowała błyskawicznie i natychmiast mnie poparła.

– Doskonały pomysł! – stwierdziła. – Ubierz się, a my tu na ciebie poczekamy.

Rozejrzałam się wokół. Wszyscy uśmiechali się do mnie, a Franek i Flora trącili się nawet łokciami. Zrobiłam zaciekawioną minę, bo widziałam, że coś KOMBINUJĄ, ale oni odwrócili wzrok i udawali, że wcale nie zauważyli moich pytających spojrzeń.

Powlokłam się do łazienki, wcześniej zahaczając o składzik pod schodami, gdzie trzymałam swój bagaż. Kiedy otworzyłam walizkę, przypomniałam sobie, że ja też mam ozdoby, które chciałam wykorzystać na mojej imprezie urodzinowej. Wyjęłam różnokolorowe spiczaste czapeczki, którymi zamierzałam udekorować gości.

Gdy byłam już gotowa, poszłam w kierunku jadalni, gdzie nagle zrobiło się PODEJRZANIE CICHO. Weszłam tam ostrożnie i wtedy znowu powitała mnie wrzawa, tak jak wcześniej na antresoli.

Pierwsi wyściskali mnie rodzice. Wręczyli mi zieloną kopertę, a mama powiedziała:

Emi, prezenty mają różną wartość. Uznaliśmy, że najważniejsze są wspólne emocje i przeżycia. Otwórz i oceń sama, jak ci się to podoba.

Drżącymi rękami i z bijącym sercem rozerwałam kopertę. Myślałam tylko o jednym! Czy w tej kopercie może się znajdować zgoda na psa, który stałby się moim przyjacielem!? Wewnątrz znajdowała się piękna kolorowa kartka. Zaczęłam czytać życzenia, aż wreszcie dobrnęłam do najważniejszego – informacji na temat prezentu. NIESTETY! NIE BYŁ TO PIESEK! To był

KUPON NA OBÓZ WINDSURFINGOWY organizowany nad morzem w czasie zbliżających się wakacji.

Próbowałam ukryć swoje rozczarowanie i chyba wyszło mi to całkiem nieźle. Uśmiechnęłam się promiennie do rodziców i uścisnęłam ich.

– MEGA – powiedziałam, bo nie chciałam im sprawiać przykrości.

Wtedy Flora rzuciła się na mnie.

– Ja też pojadę! Poprosiłam moich rodziców o taki sam prezent urodzinowy!

– Niewykluczone, że się uda, abyście pojechali całą paczką – dodała pani Laura.

Nie wiem, dlaczego moi rodzice wpadli na pomysł, by obdarować mnie wyjazdem na obóz windsurfingowy. Wprawdzie kilka razy wspominałam, że chciałabym porządnie nauczyć się tego sportu i że to fajne uczucie, kiedy wiatr wieje w żagle, a ja mknę po wodzie... Ale znacznie częściej mówiłam, że CHCĘ PSA. No cóż. Na pewno nie dostanę go na te urodziny.

Wkrótce jednak miało się okazać, że to nie koniec prezentów.

– A teraz prezent od Tajnego Klubu Superdziewczyn! – wrzasnęła nagle Flo.

– I jednego Superchłopaka – nie omieszkał dodać Franek.

– Zamknij oczy – poprosiła mnie Aniela.

Franek wyjął z kieszeni bandanę i stwierdził:

– Zadbamy o to, aby Emi przeżyła prawdziwe zaskoczenie. – Potem przewiązał mi chustką oczy. NIE WIDZIAŁAM NIC. PRÓBOWAŁAM SOBIE WYOBRAZIĆ, JAK CZUJE SIĘ BIEDNA FIOLKA W ZUPEŁNYCH CIEMNOŚCIACH. I chyba nie było to fajne uczucie.

– Uwaga! – huknął mi niespodziewanie nad uchem Franek.

Aż podskoczyłam z wrażenia.

– Czy to aby bezpieczna zabawa? – zapytał profesor Kaganek.

– Chodzi o to, żeby Emi sama trafiła na ślad swojego prezentu – wyjaśniła Faustyna.

– No dobrze – wtrącił się główny organizator całego tego zamieszania. – Pomogę ci. Idź dwa kroki do przodu.

Postąpiłam zgodnie z jego zaleceniem i znalazłam się obok stołu. Wyciągnęłam przed siebie ręce i dotknęłam kilku naczyń, które tam stały.

Ostrożnie! Zabiorę tylko szklanki.

Teraz jeden krok w prawo. Ale bardzo, BARDZO duży!

Wyciągnęłam prawą nogę jak najdalej w bok i... poczułam coś miękkiego.

Zawahałam się.

– No dalej! – zachęcał mnie. – Nie bój się!

Całym ciężarem ciała oparłam się o ten sprężysty przedmiot i... nagle straciłam równowagę. A po chwili wylądowałam na wielkim puszystym... czymś.

Wtedy Franek rozwiązał mi bandanę i zobaczyłam, że leżę na OGROMNYM FUTRZAKU!

– Cavalier king charles spaniel! – zakrzyknęli chórem moi przyjaciele z Tajnego Klubu Superdziewczyn i Jednego Superchłopaka.

Zeszłam z futrzaka i przyjrzałam mu się dokładnie. Mieli rację. To był olbrzymi pluszak, praktycznie tej samej wysokości co ja. Przypominał psa mojej ukochanej rasy i był większą wersją maskotki, z którą ostatnio rozprawiła się w domu Fiolka. Miał biszkoptowe łaty wokół oczu i na uszach. Na grzbiecie widniały plamki podobnego koloru.

– Ale SUPER! – wrzasnęłam i rzuciłam się na zwierzaka. Czochrałam jego sierść i tarmosiłam go za uszy.

Po chwili dołączyli do mnie pozostali członkowie naszej ekipy.

Kiedy już nacieszyliśmy się futrzakiem i zasapani usiedliśmy przy stole, pani Laura podała nam lemoniadę.

– SKĄD WYTRZASNĘLIŚCIE TAKIEGO WIELKIEGO CAVALIERA? – zapytałam.

– To był nie lada wyczyn – przyznała Aniela. – Ale skorzystaliśmy z pomocy pani Laury.

Flora wstała z miejsca i objęła za szyję swoją mamę, a potem podniosła jej rękę W GEŚCIE TRIUMFU.

- Przyznaj, Lauro, że to było wymagające zadanie – włączył się profesor.

Mama Flo uścisnęła mnie i rzekła:

– Najważniejsze, że Emi prezent się spodobał. Wszystkiego dobrego!

– Jak widać, nie jest to żywy pies, ale na BEZRYBIU I RAK RYBA – dodał pan Zwiędły.

Pani Laura zgromiła go wzrokiem. W tym momencie do dyskusji włączył się tata, który powiedział:

– Opieka nad psem to bardzo wymagające i odpowiedzialne zadanie.

– Szczególnie kiedy prowadzimy taki tryb życia – poparła go mama. – Częste wyjazdy i nieobecności w domu.

– Ale cavalier king charles spaniel mieści się swobodnie w psim transporterze – zauważyłam. – Moglibyśmy go wszędzie ze sobą zabierać.

Nastała cisza.

– Posiadanie psa to bardzo poważna decyzja – podkreślił tata.

– Ale pies to NAJLEPSZY PRZYJACIEL CZŁOWIEKA – chlipnęłam.

Jakby na potwierdzenie tych słów Czekolada, która kręciła się dookoła stołu, podeszła do mnie i polizała mnie po rękach. Pogładziłam jej miękką sierść i obie przytuliłyśmy się do wielkiej maskotki.

– Dzień dopiero się rozpoczyna! – zawołała pani Zwiędły, usiłując rozgrzać atmosferę.

Będzie jeszcze wiele urodzinowych niespodzianek!

Uśmiechnęłam się. Liczyłam oczywiście na to, że rodzice sprawią mi NAJLEPSZĄ I NAJFAJNIEJSZĄ NIESPODZIANKĘ URODZINOWĄ, ale cóż, życie toczy się dalej. Nie mogę się mazać. W końcu jestem SZEFOWĄ TAJNEGO KLUBU SUPERDZIEWCZYN.

Wstałam i przytuliłam się do mamy, a ona pogładziła mnie po głowie i uszczypnęła w policzek.

– Przed południem wyruszamy na podbój Nadmorskiego Parku Krajobrazowego – oświadczył profesor.

– Hura! – wrzasnął Franek.

A potem na prośbę pani Laury sprzątnęliśmy jadalnię po moim urodzinowym śniadaniu.

 Z TAJNEGO BLOGA EMI

 15 maja EMI 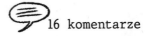 16 komentarze

HEJ!

Będzie bardzo krótko, bo mam dosłownie chwilę na ten wpis.

Witam Was urodzinowo. I z góry dziękuję za życzenia. Nie, nie dostałam mojego wymarzonego psa. Stałam się za to posiadaczką wielkiego pluszaka mojej ukochanej rasy. Nazwę go Kuki.

Wiem, że to nie jest żywy pies. Jednak to już mały krok do osiągnięcia celu. Nie można się poddawać, prawda?

Myślę, że jeszcze trochę popracuję nad moimi rodzicami i w końcu uda mi się ich przekonać! I być może najprawdziwszy Kuki zamieszka w moim pokoju.

A teraz lecę! Wybieramy się na urodzinową wycieczkę rowerową.

Hej!
Wasza Emi.

BLOG, BLOGGER, TAJNY KLUB,
MEGA, EMIITAJNYKLUBSUPERDZIEWCZYN, MISJA

PRAWDZIWA URODZINOWA NIESPODZIANKA

Wycieczkę do Nadmorskiego Parku Krajobrazowego rozpoczęliśmy od wizyty w wypożyczalni rowerów. Wybraliśmy modele idealnie dopasowane do naszych umiejętności oraz warunków.

– W drogę! – zawołał pan Zwiędły, dosiadając swojego pojazdu.

Poszliśmy za jego przykładem i wskoczyliśmy na rowery.

– Dokąd to? – zapytał profesor, który był głównym organizatorem rajdu. – JESTEŚCIE W GORĄCEJ WODZIE KĄPANI! Każdy uczestnik eskapady rowerowej powinien mieć kask! – oświadczył.

– W takim razie ja muszę wrócić – powiedział tata. – Bo właśnie PRZYPOMNIAŁEM SOBIE, ŻE ZUPEŁNIE ZAPOMNIAŁEM O KASKU.

– Ja też – zawtórowała mu mama.

Dumnie wyjęłam swój kask z plecaka. W końcu jako szefowa Tajnego Klubu Superdziewczyn powinnam ŚWIECIĆ PRZYKŁADEM. Okazało się, że przykładem zaświecili także pozostali członkowie naszej ekipy, czyli Fau, Flora, Aniela i Franek!
– MUCHA NIE SIADA! Zawstydziliście dorosłych! – stwierdził profesor, po czym grzecznie wyprosił państwa Zwiędły z już utworzonego peletonu. Oni także nie mieli kasków.
– Przecież dorośli nie mają obowiązku noszenia kasków w czasie jazdy! – obruszył się tata Flory. – To dotyczy tylko najmłodszych rowerzystów.
– Wiem, wiem. Ale jako organizator tej wycieczki stawiam takie wymagania wobec wszystkich uczestników – wyjaśnił profesor. – Byłem kiedyś świadkiem paskudnego wypadku z udziałem świetnego kolarza. Szczęśliwie dla niego miał na głowie kask, i to go uratowało. Od tamtej pory każdemu rekomenduję zabezpieczanie się w czasie jazdy.
Po takich argumentach rodzice Flory BEZ SZEMRANIA udali się do wypożyczalni rowerowej po kaski.
Po pewnym czasie znowu byliśmy w komplecie, tym razem idealnie wyposażeni do drogi. Żałowałam tylko, że nie ma z nami Czekolady. Oba nasze zwierzaki, kotka Fiolka i labrador Czekolada, zostały w domku na wydmach.

Wreszcie ruszyliśmy. Na czele peletonu jechał tata Franka, potem jego syn, dalej wszystkie dziewczyny i tatusiowie. Grupę zamykały moja mama i pani Laura, ponieważ to one okazały się najbardziej doświadczonymi kolarzami.

Ścieżka rowerowo-przyrodnicza zaczynała się zaraz za wypożyczalnią, w niewielkiej odległości od domku na wydmach. Zresztą w tym zakątku wybrzeża wszystko było

Alejka okazała się znakomicie przygotowana do jazdy – jak profesjonalna ścieżka rowerowa. Nawierzchnia była gładka, szerokość odpowiednia, a oznaczenia bardzo czytelne.

– Wygląda to zdecydowanie lepiej niż wczoraj wieczorem – oceniłam.

– W NOCY WSZYSTKIE KOTY SĄ CZARNE! – zawołał Franek, który mknął przed nami.

– NIEŹLE STRZYŻE USZAMI! – zauważyła Flo.

Zgodziłam się z nią. Franek ma niezły słuch. Dobrze słyszał naszą rozmowę, a przecież znajdował się o co najmniej jedną długość roweru przed nami!

Przejechaliśmy pierwszy odcinek, który prowadził wzdłuż zatoki. Po prawej stronie rozciągała się tafla wody odgrodzona od ścieżki pasem łąk i zagajników. Rosły tam brzozy, wierzby i krzewy dzikiej róży. Droga po lewej stronie wcinała się w głąb półwyspu. Od jezdni oddzielały nas drzewa iglaste: modrzewie i młode sosny, a także wrzosy, które już latem utworzą tu fioletowy dywan. Za jezdnią był bór sosnowy, a za nim – morze. Podążaliśmy przed siebie, aż wreszcie dotarliśmy do miejsca, gdzie wśród traw znajdowało się dojście do zatoki.

– Tu będzie nasz pierwszy przystanek – powiedział profesor. – Mamy wystarczająco dużo miejsca, aby zaparkować nasze wehikuły!

Zeszliśmy z rowerów i z trudem ustawiliśmy je w grząskim piasku.

– Interesujące, że cała ta roślinność może sobie tutaj bez przeszkód rosnąć – zauważyła Flora i zatoczyła ręką koło, pokazując na zagajniki pomiędzy łąkami. – A przecież nie ma tu żyznych gleb.

– To specyficzny ekosystem – wyjaśnił mój tata. – Zadomowiły się tutaj tylko te rośliny, które przystosowały się do piaszczystej gleby.

Siedliśmy na kamiennym nabrzeżu, tuż nad wodą. Pogoda nas nie rozpieszczała. Znad zatoki wiało, więc naciągnęliśmy czapki na uszy.

– Po drugiej stronie jest złocista plaża… – westchnęła pani Laura. – Chętnie bym się tam przeniosła…

– Przecież jesteś wytrawną CYKLISTKĄ! – zwrócił jej uwagę profesor. – Nie poddawaj się, Lauro.

– Nie ma mowy. Ale marzę o wygrzewaniu się w słońcu na złocistym piasku – wyjaśniła mama Flo.

PLAŻING! UWIELBIAM!

POGODA SPRAWIŁA NAM PSIKUSA. NICI Z PLAŻY.

Za chwilę ruszamy dalej, bo obawiam się, że może nas dopaść deszcz. Zrobimy przystanek w wiacie, przy następnym punkcie postojowym.

Rzeczywiście, niebo zaciągnęło się chmurami i wszystko wskazywało na to, że COŚ WISI W POWIETRZU!

Wskoczyliśmy na rowery i pomknęliśmy w dal. Tym razem na czele grupy znalazły się moja mama i pani Laura. Narzuciły takie tempo, że musieliśmy włożyć sporo wysiłku, aby nie oddalać się od peletonu. Naciskałam na pedały ile sił w nogach i próbowałam zmieniać przerzutki, aby osiągnąć jak największą prędkość. Musiałam przy tym zachować dużą ostrożność, bo mijało nas wielu rowerzystów. W pewnym momencie poczułam na twarzy kropelki deszczu.

– Pada! – dobiegł zza moich pleców głos Franka.

Więc jednak POGODA NIE BYŁA ŁASKAWA. Na szczęście właśnie zobaczyliśmy na horyzoncie wiatę, co oznaczało, że dotarliśmy do naszego postoju.

Zaparkowaliśmy rowery pod zadaszeniem i weszliśmy do środka. Siedziało tam już kilka osób, ale miejsca było jeszcze sporo.

– Mamy szczęście, że pomyślano o schronieniu dla takich jak my – zauważył profesor – INACZEJ PRZEMOKLIBYŚMY DO SUCHEJ NITKI.

– Nie przesadzaj. NIE JESTEŚMY Z CUKRU. Nie roztopilibyśmy się – stwierdził tata Flory i śmiało wyskoczył z wiaty.

Nagle deszcz przybrał na sile i dosłownie LUNĘŁO JAK Z CEBRA. Pan Zwiędły natychmiast pędem wrócił pod zadaszenie, ale i tak był już porządnie przemoczony.

– Czuję się jak w piance podczas windsurfingu – powiedział i zaczął zdejmować z siebie kolejne partie odzieży.

– ŻEBY KÓZKA NIE SKAKAŁA, TOBY NÓŻKI NIE ZŁAMAŁA – zauważyła pani Laura, a my wybuchliśmy śmiechem. Ciężko było wyobrazić sobie tatę Flo w roli skaczącej kózki!

– Trochę tu zabawimy – rzekł profesor Kaganek.

– W takim razie proponuję MAŁE CO NIECO – rzucił pomysł mój tata. Otworzył plecak i zaczął wyjmować z niego przeróżne smakołyki, które ułożył na drewnianym stole przeznaczonym dla turystów.

– MEGA! – wrzasnęła Flora na widok rogalików śniadaniowych swojej mamy.

Dosłownie rzuciliśmy się na jedzenie. Chyba już porządnie zgłodnieliśmy.

– Połączmy przyjemne z pożytecznym – zasugerował tata Franka. – W czasie posiłku opowiem wam o Nadmorskim Parku Krajobrazowym.

Dowiedzieliśmy się bardzo ciekawych rzeczy na temat parku. Okazało się, że w różnych jego miejscach znajdują się mniejsze rezerwaty. W jednym z nich chroniony jest mikołajek nadmorski, bardzo rzadka roślina, która występuje na wydmach.

– Rozwój turystyki w tych stronach nie sprzyja rozwojowi fauny i flory. Ludzie po prostu zadeptują okazy chronione – powiedział ze smutkiem profesor Kaganek.

– To karygodne! – zawołał mój tata. – Może powinno się ustawiać przy każdej roślinie tabliczkę z wielkim napisem

– To raczej niewykonalne. Samych mikołajków nadmorskich jest tu ponad tysiąc. Nie udałoby się zainstalować przy każdym z nich tabliczki – stwierdził profesor. – Najważniejsza jest edukacja i uświadamianie młodych pokoleń.

– Kochani, w waszych rękach przyszłość środowiska! – zwróciła się do nas pani Zwiędły.

– Tajny Klub Superdziewczyn jest eko! – potwierdziłam z zapałem. – My na pewno nie zadepczemy żadnej rośliny w okolicy.

Potem profesor opowiedział nam o faunie i florze Nadmorskiego Parku Krajobrazowego.

– Przede wszystkim jest tu sporo ptactwa. Na wydmach mają swoje stanowiska lęgowe rzadkie gatunki ptaków, między innymi rybitwy. W części podmokłej gniazdują chronione żurawie, bąki i wąsatki – opowiadał. – A! Zapomniałbym! – dodał. – Rezerwat jest ostoją dla wielu gatunków płazów. Występuje tutaj mnóstwo ROPUCH.

Jakby na potwierdzenie jego słów pod stołem coś się poruszyło.

JAK NA KOMENDĘ wyrecytował nasze klubowe zawołanie:

Karaluchy, szczypawki, pająki.
Padalce, jaszczurki i żmije.
Nie boimy się was, dziwolągi,
Nocne mary czy włóczykije.
Straszenie nie ujdzie wam płazem!
W Tajnym Klubie trzymamy się razem!

Nic tu nie ma o ropuchach.

Pewnie długo jeszcze dyskutowalibyśmy na temat ropuch, ale nagle niebo rozjaśniły promienie słońca.

– To rozumiem! – ucieszył się pan Zwiędły. – Moje zaklęcia zostały wysłuchane. JEST SŁOŃCE! BĘDZIE PLAŻING!

Wybiegliśmy spod wiaty. Inni turyści, którzy wraz z nami schronili się tutaj przed deszczem, szybko się zebrali i odjechali. Może mieli już dość naszego rozgadanego towarzystwa? Ale my zawsze mamy sobie tyle do powiedzenia!

– Ekipa! Szykujcie się. Za chwilę ciąg dalszy wycieczki. Może nawet uda mi się pokazać wam kilka chronionych gatunków roślin! – zawołał profesor i zaraz dodał: – Może Aniela nam pomoże, wczoraj odbyła interesującą WYCIECZKĘ KRAJOZNAWCZĄ.

– Chętnie – zaofiarowała się Aniela. – Wydaje mi się, że zanotowałam, gdzie znajdują się stanowiska z mikołajkami.

Wyjęła z plecaka notatnik i zaczęła go kartkować z przejęciem.

– Wygląda na to, że dwie rośliny rosną po prawej stronie ścieżki rowerowej, na wysokości wiaty – poinformowała nas. – Mogę wam też pokazać, jakie okazy zebrałam do swojego zielnika – dodała i wyjęła foliową torebkę wypełnioną liśćmi. – To oczywiście gatunki, które nie podlegają ochronie.

– Robisz zielnik? – zdziwiła się Faustyna.

– O! – wrzasnęła Flora na widok jej notatek oraz zbiorów. – Zawsze marzyłam, żeby zrobić własny zielnik.

Zadecydowaliśmy, że wykonamy jeden wielki zielnik klubowy.

– To świetny pomysł. WŁĄCZAM SIĘ DO TEJ AKCJI – zawołała pani Laura. – Dowiemy się, jakie rośliny otaczają nasz dom.

Ponieważ profesor chwilowo gdzieś przepadł i nie było komu nas dyscyplinować, a rodzice dyskutowali o urokach nadmorskich terenów, postanowiliśmy zająć się zbieraniem okazów do zielnika. Mieliśmy właśnie się rozejść w poszukiwaniu różnych gatunków roślin, kiedy nagle usłyszeliśmy nawoływania pana Kaganka.

– Tutaj! Tutaj!

Pobiegliśmy wszyscy za wiatę, skąd dochodził jego głos.

Zaniemówiliśmy. To był piesek mojej ukochanej rasy cavalier king charles spaniel! Cała drżałam z emocji. Nie mogłam zrozumieć, co się dzieje! Czyżby to była jedna z tych urodzinowych niespodzianek, o których wspominała rano pani Laura? Spojrzałam na moich rodziców, a oni na mnie.

Profesor Kaganek, widząc naszą konsternację, zaczął wyjaśniać:

– Oddaliłem się na chwilę do toalety.

– Chyba do toi toia! – wpadł mu w słowo Franek.

– Tak, do tej przenośnej toalety – zgodził się jego tata. – Nagle usłyszałem w okolicy jakieś dziwne skomlenie – opowiadał. – I po chwili zobaczyłem tego psiaka. Chował się przestraszony na skraju zagajnika. Kiedy jednak do niego podszedłem, chętnie dał się wziąć na ręce.

Pani Laura postanowiła się z nim przywitać.

– Cześć, mały! Czy jesteś zgubą, czy wędrownikiem?

Profesor postawił pieska na ziemi. To był prawdziwy cavalier! I to na wyciągnięcie ręki!

JA CHYBA ŚNIĘ!

Otoczyliśmy zwierzaka kręgiem i przyglądaliśmy mu się badawczo. To był młody pies, chociaż już nie szczeniaczek. Przypominał mi pluszowego przyjaciela, którego dostałam dzisiaj rano od Tajnego Klubu Superdziewczyn i Jednego Superchłopaka. Na uszach i wokół oczu miał biszkoptowe plamy, a na grzbiecie łatki w rudawym kolorze.

Piesek obserwował nas z zabawnie zadartą głową. Miał brązowe oczka lśniące jak guziczki. Po chwili ruszył przed siebie i ku mojemu zdumieniu zatrzymał się na wprost mnie. Potem otarł się zaczepnie, ale bardzo delikatnie, o moją nogę. Prawie podskoczyłam z radości. Spośród wszystkich zgromadzonych osób WYBRAŁ WŁAŚNIE MNIE! To ze mną chciał się bawić! Ostrożnie go pogładziłam, a potem wzięłam na ręce. Wtuliłam się w jego drżące i ciepłe ciałko. Czyżby moje marzenie właśnie się spełniało?

Staliśmy tak dłuższy czas, bo każdy chciał dotknąć pieska. Wreszcie zabrał głos mój tata:

– Pies jest zbyt zadbany, więc nie może być bezdomny. Z pewnością ktoś go szuka.

– Ale przecież nie możemy go zostawić tutaj, pomiędzy zatoką a ścieżką rowerową – odezwała się pani Laura. – Nic o nim nie wiemy.

– Zwierzaki często noszą obroże z wypisanym na nich kontaktem do właściciela. Ten nic takiego nie ma. Bardzo dziwne... – powiedział zdumiony profesor.

Wszyscy zgodzili się, że psiak nie powinien zostać sam w środku Nadmorskiego Parku Krajobrazowego. Na domiar złego znowu zaczęło się zbierać na deszcz.

– I co teraz zrobimy? – zatroskanym głosem pytała moja mama.

– To nowa TAJNA MISJA dla Tajnego Klubu Superdziewczyn! – obwieściła Faustyna.

– I jednego Superchłopaka – mruknął Franek.

Profesor zaproponował, żebyśmy poszukali właścicieli czworonoga.

– Rozejrzyjmy się wokół. Niech Emi zostanie tutaj, a my rozejdźmy się w różnych kierunkach i przepytujmy każdą napotkaną osobę.

Wszyscy rozbiegli się po okolicy, a ja zostałam z pieskiem.

– Nie martw się – powiedziałam do niego. – Na pewno wszystko będzie dobrze. W głębi duszy jednak wcale nie chciałam, żeby odnaleźli się opiekunowie cavaliera.

Po kwadransie poszukiwania zostały zakończone.

– W promieniu kilkuset metrów NIE MA ŻYWEJ DUSZY – poinformował pan Zwiędły.

– Trzeba podjąć jakąś decyzję – stwierdził tata.

Pani Laura już była zdecydowana.

– Powinniśmy udzielić mu schronienia – oświadczyła.

– Cóż. Wygląda na to, że w domu na wydmach powstanie MAŁY ZWIERZYNIEC – stwierdził pan Zwiędły ze śmiechem.

– Z pewnością dalsza wycieczka z tym zwierzakiem nie wchodzi w grę – orzekł profesor. – Wracajmy, póki się nie rozpadało na dobre.

Pani Laura umieściła znajdę w swoim koszu rowerowym i okryła pieska szalem, bo już zaczynało kropić.

Ruszyliśmy w drogę powrotną do domku na wydmach.

Z TAJNEGO BLOGA EMI

 15 maja   EMI   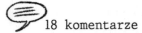 18 komentarze

Witajcie!

Mam dla Was niespodziankę. Od kilku godzin jestem opiekunką cavaliera king charles spaniela. I wcale nie chodzi o gigantycznego pluszaka, którego dostałam dzisiaj rano w prezencie urodzinowym. To najprawdziwszy pies! Wiem, że brzmi to mało prawdopodobnie. Wrzucę wieczorem fotkę, a sami się przekonacie.

Znaleźliśmy go w czasie wycieczki rowerowej do Nadmorskiego Parku Krajobrazowego. Błąkał się samotny i opuszczony obok wiaty turystycznej. Wiemy na pewno, że nie jest bezpański, ponieważ jest bardzo zadbany i czyściutki.

Na razie zamieszka z nami w domku na wydmach i będziemy się zastanawiać, co robić dalej. Tajny

Klub Superdziewczyn opracuje plan odnalezienia właścicieli tego malucha. To nasza nowa tajna misja. Ale ja na pewno będę się nim opiekowała najlepiej jak potrafię.

Życzcie mi powodzenia!

**Do usłyszenia!
Wasza Emi.**

 BLOG, BLOGGER, TAJNYKLUB, MEGA,
EMIITAJNYKLUBSUPERDZIEWCZYN, MISJA

PSIARZE KONTRA KOCIARZE

Do domku na wydmach wróciliśmy w ciągu godziny. Nigdzie się nie zatrzymywaliśmy, pedałowaliśmy ile sił w nogach. Padało coraz bardziej, co dało nam DODATKOWĄ MOTYWACJĘ. Przecież nikt nie chciał PRZEMOKNĄĆ DO SUCHEJ NITKI. Nasz nowy towarzysz dzielnie zniósł tę podróż. Pani Laura miała świetny pomysł, aby otulić go swoim szalem. Dzięki temu zwierzak był prawie suchy.

Kiedy mama Flory wyjęła psiaka z koszyka, natychmiast wzięłam go od niej. Przytuliłam go mocno, a moi przyjaciele z Tajnego Klubu otoczyli nas kręgiem i w takiej obstawie dotarliśmy aż pod same drzwi wejściowe. Czułam jednak, że piesek drży, a serce bije mu bardzo szybko.

– Nie martw się, mały. Zaopiekujemy się tobą – szepnęłam do niego. Liczyłam, że zrozumie, że chcę dla niego jak najlepiej.

– Mam wrażenie, że cavalier jest zestresowany – stwierdził Franek, kiedy umościliśmy go na kanapie. Piesek wciąż nie przestawał dygotać.
– Może po prostu boi się obcych? – zastanawiała się Faustyna.
– Musimy dać mu zrozumienia, że mamy dobre intencje – powiedziałam.
– Ponieważ nie znamy PSIEGO JĘZYKA, w tej sytuacji pozostaje nam pismo obrazkowe – oświadczyła Flora. – Powinniśmy mu coś narysować i w ten sposób przekazać, że jest bezpieczny!
– To prawda. Na lekcji historii uczyliśmy się, że ludzie już w czasach prehistorycznych wykorzystywali symbole do komunikowania się – dodała Faustyna.
– Masz na myśli pismo klinowe*? – zapytała Aniela.
– Nie tylko! Zanim powstało pismo, ludzie wyrażali swoje myśli za pomocą różnych obrazków – wyjaśniła Fau.
Przypomniałam sobie, że tata czytał mi ostatnio o tym, że niektóre starożytne ludy porozumiewały się jeszcze inaczej: na przykład nacinały drewniane kije albo wiązały węzełki.
– Indianie w Ameryce Południowej używali węzełków do przekazywania sobie informacji – obwieściłam.

---

* Pismo klinowe – jedna z najstarszych odmian pisma, powstała na Bliskim Wschodzie, stworzona najprawdopodobniej przez Sumerów ok. 3500 lat p.n.e.

– MEGA! – wrzasnęła Flora. – Sama chciałabym się komunikować w ten sposób. Czasami na lekcjach piszemy tak dużo, że RĘKA MI USYCHA ze zmęczenia!

– Nie możemy się cofnąć do czasów, kiedy obowiązywały takie PRASTARE techniki porozumiewania się – oświadczył Franek. – Nie sądzę też, aby psy potrafiły odczytywać znaczenie węzełków.

– To jaką masz propozycję, by nawiązać kontakt z cavalierem? – zapytałam.

Franek zamilkł na chwilę, po czym podniósł rękę w triumfalnym geście.

– Namówimy Fiolkę, żeby przekazała mu od nas informację! – zawołał i natychmiast przedstawił swój plan: – Postaram się odpowiednio ją poinstruować. Będzie to wymagało ode mnie niezwykłego skupienia i pracy. Potem znajdziemy zaciszne miejsce, aby cavalier i Fiolka mogli się ROZMÓWIĆ.

Psy i koty to dwa różne światy. JAK BATMAN I SPIDERMAN! To się nie uda.

Słyszałem o przypadkach wielkiej przyjaźni pomiędzy tymi gatunkami.

Pies nigdy nie zrozumie sygnałów wysyłanych przez kota. Psy mają całkiem inny sposób porozumiewania się. Weźcie na przykład ogon. Koty machają ogonem, aby zasygnalizować, że **SĄ WŚCIEKŁE JAK OSY.**

– A psy merdają nim, kiedy są zadowolone! – wykrzyknęłam, bo przypomniałam sobie, że Czekolada zwykle tak robi, gdy jest szczęśliwa.

– To tylko jeden przykład, a jest ich zdecydowanie więcej – stwierdziła Fau.

– Może więc to Czekolada powinna się komunikować z cavalierem w naszym imieniu? – zapytałam.

– Nie wiadomo, czy się polubią – stwierdziła Aniela. – Lepiej poszukajmy sposobu, żeby jak najszybciej mu przekazać, ŻE JESTEŚMY PRZYJACIELSKO NASTAWIENI.

– Zróbmy to! – ucieszyłam się i mocniej przytuliłam dygoczącego psiaka.

– Jeśli nie chcecie skorzystać z pomocy Fiolki, nie trzeba – powiedział urażony Franek.

Wtedy wpadłam na genialny pomysł.

– Nie możemy ciągle mówić o naszym nowym przyjacielu „on" albo „cavalier". Może powinniśmy się zwracać do niego po imieniu?

– Ale przecież nie wiemy, jak się nazywa – przytomnie stwierdziła Fau. – Zanim do nas trafił, na pewno miał jakieś imię.

No tak, to była prawdziwa przeszkoda.

– Powinniśmy wybrać mu nowe – powiedziała stanowczo Flora. – Psy doskonale rozumieją ludzką mowę, i jestem pewna, że cavalier od razu załapie, o co chodzi.

– Koty nie są wcale mniej inteligentne niż psy – mruknął Franek. – Też rozpoznają głos właściciela.

– Niestety, koty zwykle nie przejmują się tym, co mówi ich pan – dodała Fau. – Wiem coś o tym. Fiolka rzadko reaguje na moje prośby.

– Widzę, że BUDUJECIE ANTYKOCIĄ KOALICJĘ – burknął chłopak.

– No coś ty! – prychnęła Flora i dodała: – Cały Tajny Klub Superdziewczyn UWIELBIA FIOLKĘ! MIAU!

Czułam, że nasza dyskusja zmierza w złym kierunku. Za chwilę pokłócimy się o to, kto jest lepszy i mądrzejszy: psy czy koty. Postanowiłam jednak stłumić spór w zarodku i zwrócić uwagę Tajnego Klubu na naszego nowego czworonoga.

Nikt się nie sprzeciwił.

– Zróbmy listę imion, które do niego pasują – zaproponowała Faustyna.

Ustaliliśmy, że każdy może podać maksymalnie dwie propozycje, które ja zapiszę w notatniku.

Potem mieliśmy głosować.

WYPALIŁAM JAK Z ARMATY i pognałam do salonu, żeby przytulić psiaka. Od razu polizał mnie po policzku, jakby chciał powiedzieć, że to imię bardzo mu się podoba.

Wszyscy członkowie Tajnego Klubu też zbiegli na dół i teraz wpatrywali się we mnie bez słowa.

---

* Arrasy – tkaniny dekoracyjne tkane ze szlachetnych nici, między innymi jedwabnych, srebrnych i pozłacanych; przyjęło się, że arrasami nazywano szczególnie cenne tkaniny wytworzone z dużą ilością złotych nici. Inne, podobne, należały do gatunku gobelinów.

– Kuki jak ciasteczko po angielsku? – zapytała Flora.
– Tak – potwierdziłam. Tak właśnie chciałam nazwać swojego psa. Może ten nie jest mój w stu procentach, ALE CHYBA MOGĘ MU WYPOŻYCZYĆ TO IMIĘ?
– Jasne – zgodziła się Aniela. – Mnie się bardzo podoba. Bardziej niż Pan Puszek.
– Skoro mówimy o ciasteczkach, to czy nie byłoby ciekawiej nazwać go BISKWIT? – zapytał Franek. – Znaczy prawie to samo co Kuki, czyli ciasteczko, a jednak lepiej brzmi.
– PRAWIE ROBI RÓŻNICĘ – stwierdziła Flora.
– Jakie wspaniałe zdrobnienia moglibyśmy stosować... – ciągnął rozmarzony Franek. – Biś. Bisiek. Bisiu...
– Jest KUKI. I KWITA – oświadczyła Faustyna.
– Kuki! Kuki! – zawołałam na cavaliera, który spoglądał na mnie ciekawie, jakby mniej przestraszony. – Czas poznać okolicę, Kuki! – zaproponowałam i zdjęłam zwierzaka z kanapy. Natychmiast zaczął badać otoczenie.
– WYRUSZASZ NA PODBÓJ WIELKIEGO ŚWIATA – dodała Aniela.
– Oby tylko wiedział, że gdzie ma załatwiać... swoje potrzeby – zaniepokoiła się Flora.
– Bez obaw – rzekłam. – Kuki jest dobrze wychowany. Prawda, piesku?
Psiak tymczasem krążył wokół kanapy i obwąchiwał ją ze wszystkich stron.

Nagle do salonu wkroczyli rodzice.
- Jak czuje się nasza zguba? – zapytał profesor Kaganek.
- Nazwaliśmy go Kuki – oznajmiłam z dumą. – Chyba oswaja się powoli z nowym miejscem.
- Czy ustaliliście już plan poszukiwań właścicieli? – zainteresowała się mama. – Pamiętajcie, że za dwa dni wracamy do miasta, do tej pory powinniśmy go zwrócić.

Na szczęście Faustyna odpowiedziała w imieniu Tajnego Klubu Superdziewczyn, że zabieramy się niedługo za naszą nową TAJNĄ MISJĘ, jaką jest odnalezienie właścicieli psiaka.

Mój pupil coraz śmielej sobie poczynał. Wpadł na miękki dywanik, który leżał przed kominkiem, i teraz tarzał się po nim w najlepsze.

- Kuki lubi sobie pofiglować – zauważyła pani Laura.
- Wasz przyjaciel ma dużo energii – powiedział tata, gdy Kuki, goniąc jakiegoś niewidzialnego przeciwnika, omal nie wylądował w kominku. – Zabierzcie go na zewnątrz. Znowu jest słonecznie – zaproponował.

– Może wybierzemy się z nim na plażę? – rzuciłam pomysł, ale okazało się, że psy nie są tam mile widziane, a do tego piasek jest jeszcze mokry.

Poszliśmy więc do ogrodu. Na trawie wylegiwała się Czekolada, której nie widziałam od rana. Pies cioci Julii uwielbia tarzać się w trawie, szczególnie po deszczu, kiedy jest wilgotno. Miałam wielką nadzieję, że labrador polubi cavaliera, podobnie jak ja. Kuki natychmiast podbiegł do Czekolady i zaczął ją zaczepiać, szczekając i skacząc wokół niej. Zabawnie było obserwować, jak mały piesek próbuje zmusić dużego do działania. Jednak labrador tylko leniwie uniósł głowę i warknął kilkakrotnie.

– Czekolada zaprasza go do zabawy – stwierdziła Aniela.

– Albo rozmawiają o tym, KTO TU RZĄDZI – zachichotał Franek.

JASNE, ŻE TO CZEKOLADA JEST SZEFEM!

– zauważył profesor Kaganek, który właśnie do nas dołączył.

Przyglądaliśmy się pierwszemu spotkaniu czworonogów. Nie traciłam nadziei, że Czekolada i Kuki zaprzyjaźnią się, bo przecież były moimi ukochanymi zwierzakami.

– Dajmy im czas – powiedział profesor. – Poznały się ledwie przed chwilą.

W pewnym momencie Czekolada odwróciła się i odeszła w głąb ogrodu. Klapnęła obok leżaków, które rozstawiono pod drzewami mimo nie najlepszej pogody.

– NIE PAŁAJĄ DO SIEBIE MIŁOŚCIĄ – ocenił Franek.

– Pewnie jako zapalony KOCIARZ MASZ Z TEGO UBAW – rzekła Aniela.

Franek wzruszył ramionami i poszedł w kierunku domu. Po chwili wrócił z transporterem, którego używał do przenoszenia kotki, ostatnio coraz częściej.

– Spróbujmy zapoznać Kukiego z Fiolką – wystąpił z PROPOZYCJĄ NIE DO ODRZUCENIA. – TO MOŻE BYĆ POCZĄTEK PIĘKNEJ PRZYJAŹNI!

Flora, Faustyna, Aniela i ja spojrzałyśmy na siebie z powątpiewaniem.

– Jeszcze nie słyszałam, aby kot i pies darzyły się szczególnym uczuciami – odezwała się Faustyna.

– Nie zaszkodzi spróbować – upierał się Franek, majstrując przy drzwiczkach przenośnego domku Fiolki.

Zebrałyśmy się obok i czekałyśmy w napięciu na rozwój wydarzeń. Kuki z zainteresowaniem podszedł do transportera, ale nie zabawił przy nim długo. Kotka na widok psiaka najeżyła się, fuknęła groźnie, a potem cofnęła do środka. Kuki odskoczył przerażony i POGNAŁ NA OŚLEP w głąb ogrodu, aż zatrzymał się niedaleko Czekolady. Chyba liczył na wsparcie przedstawiciela swojego gatunku. PRZELICZYŁ SIĘ niestety, bo labrador leżał niewzruszony i ani myślał pomagać młodszemu koledze.

Współczułam mu bardzo. Nie dość, że stracił właścicieli, to jeszcze nie może znaleźć przyjaciół w nowym miejscu. Piesek oddalił się od leżaków i skulił pod krzakiem bzu.

– NIE MA SZANS NA MIŁOŚĆ OD PIERWSZEGO WEJRZENIA. Psy pozostaną psami, a koty – kotami – orzekł filozoficznie profesor, który obserwował z nami całe zajście.

Nagle przypomniałam sobie o naszym pomyśle na skomunikowanie się z Kukim za pomocą obrazków.

– Powinniśmy jednak spróbować nawiązać z nim kontakt w ten sposób. Narysujmy mu obrazek, z którego jasno wynika, że go kochamy i zrobimy wszystko, by odnaleźć jego właścicieli – powiedziałam.

– Jest taki biedny – rozczuliła się Aniela. – Musimy mu pomóc.

Zabrałam pieska spod krzaku bzu. Gdy wychodziliśmy z ogrodu, zauważyłam, że Czekolada podejrzliwie ŁYPIE NA MNIE OKIEM.

„Oho – pomyślałam – ktoś tu jest zazdrosny".

Wróciliśmy wszyscy do domu, aby przygotować dla Kukiego rysunek, który miał wyrażać nasze dobre intencje.

A Kuki jednak w końcu znalazł sobie kompana. Zaprzyjaźnił się z moim urodzinowym pluszakiem. MEGA! Wyglądał bardzo pociesznie, kiedy tarmosił wielką maskotkę, która nie mogła nawet zareagować na jego zaczepki!

Jedyne, co udało nam się znaleźć w domku, to kilka arkuszy papieru w rozmiarze A4, ale jednogłośnie uznaliśmy, że nasz plakat powinien być większy. Faustyna wpadła na pomysł, żebyśmy skleili dwie kartki, dzięki czemu uzyskamy taką powierzchnię, jakiej potrzebujemy. Wykonaliśmy napis: „KOCHAMY CIĘ, KUKI", ale zamiast słów „KOCHAMY CIĘ" narysowaliśmy wielkie serca.

– Dorysujmy jeszcze sylwetki Fiolki i Czekolady! – zaproponowała Aniela. – Niech Kuki wie, że cały czas ma szansę zdobyć nowych przyjaciół.

Kiedy plakat był gotowy, pokazaliśmy go psiakowi. Zwierzak dokładnie obwąchał arkusz, a potem delikatnie otarł się o moje nogi. Stwierdziłam, że to znak, że zrozumiał nasze przesłanie.

– Jak myślicie, czy Kuki zna symbol serca? – zapytała Aniela.

Faustyna nie miała wątpliwości.

– Jasne, że tak. Psy to najmądrzejsze stworzenia na świecie.

Jedynie Franek nie zgadzał się z naszą koncepcją.

– Wy, psiarze, zawsze będziecie faworyzować psy – rzekł z nieukrywaną irytacją. – A przecież koty są super! To kot jest najlepszym przyjacielem człowieka!

– Nie zgadzam się – wybuchła Flora i przytuliła Kukiego, który wpatrywał się w plakat przygotowany na jego cześć. – Psy są cudowne. I zawsze można na nich polegać!
Aniela podobnie jak ja zapalczywie broniła psów. Faustyna zachowała się bardzo przytomnie i jako jedyna spróbowała załagodzić nasz spór.
– Kocham psy i koty tak samo – oznajmiła. – Nie rozstrzygniemy tego, który zwierzak jest największym przyjacielem człowieka. Miłość do danego gatunku jest wrodzona.
Spojrzeliśmy na nią zaskoczeni.
– Rodzice wytłumaczyli mi to, kiedy spierałam się z Felkiem – pospieszyła z wyjaśnieniem. – Ale chyba najważniejsze jest to, że dyskusja o psach i kotach przypomina tę o WYŻSZOŚCI ŚWIĄT BOŻEGO NARODZENIA NAD ŚWIĘTAMI WIELKIEJNOCY.
Przyznaliśmy jej, choć niechętnie, rację. Psiarze mają inne osobowości niż kociarze. Ale wszyscy tak samo kochamy nasze czworonogi!

Z TAJNEGO BLOGA EMI

 15 maja   EMI 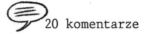 20 komentarze

Witajcie!

To był bardzo długi dzień. I jeszcze się nie skończył. Pani Laura zapowiedziała mi wieczorną niespodziankę urodzinową! Jestem bardzo ciekawa, co to będzie.

Pewnie chcecie wiedzieć, jak się miewa nasz nowy czworonóg, który przybłąkał się do nas w czasie wycieczki rowerowej. Miałam nadzieję, że zostanie szybko zaakceptowany przez nasze zwierzaki – kotkę Fiolkę i labradora Czekoladę. Niestety, nie ma szans. Żadne z nich nie chce o nim słyszeć. Staramy się stworzyć mu jak najlepsze warunki, ale widzę, że Kuki – bo tak chwilowo nazywa się cavalier – nie czuje się najlepiej. Często wydaje się przygaszony i osowiały. Jedynym powiernikiem jego smutków jest mój wielki pluszak, którego dostałam w prezencie od Tajnego Klubu Superdziewczyn (i jednego Superchłopaka).

Mieliśmy też w Tajnym Klubie wielki spór pomiędzy miłośnikami psów i kotów. Właściwie wywołał go Franek, który poczuł się dyskryminowany jako miłośnik kotów, bo w naszej grupie jest jednak więcej psiarzy. Na szczęście Faustyna, która ma neutralne podejście do czworonogów, wyjaśniła nam, że nie można jednoznacznie ocenić, kto jest najlepszym przyjacielem człowieka — czy pies, czy kot. To sprawa indywidualna.

A Wy co o tym myślicie?

Czekam na Wasze opinie!
Wasza Emi.

 BLOG, BLOGGER, TAJNYKLUB, MEGA, EMIITAJNYKLUBSUPERDZIEWCZYN, MISJA

ZWIERZYNIEC W DOMKU NA WYDMACH

Dzień moich urodzin okazał się MEGAWYJĄTKOWY aż do późnego wieczora. Kiedy dzięki ZDROWEMU ROZSĄDKOWI Faustyny zakończyliśmy polubownie spór o wyższości psów nad kotami, zjedliśmy przepyszną kolację. Pan Zwiędły znowu RZĄDZIŁ W KUCHNI.

– NIE ODDAM MIEJSCA W KUCHNI BEZ WALKI – zapowiedział. – Dzisiaj na kolację będzie mój POPISOWY NUMER! Specjalnie na urodziny Emi!

Zdziwiłam się, bo nie zauważyłam, żeby poza tatą Flory ktoś chciał ZAJMOWAĆ SIĘ PICHCENIEM i konkurował z nim o urzędowanie w kuchni. Zrobiło mi się też bardzo miło, że pan Zwiędły przygotowuje kolację z myślą o mnie! Rozsmakowałam się w jego ratatuju, zwłaszcza że dzisiejszy obiad, delikatnie mówiąc, nie należał do udanych. Przyszykowały go wspólnymi siłami pani Laura i moja mama, które postanowiły zaserwować nam... parówki i frytki. Wszyscy byliśmy ZASKOCZENI TAKIM MENU, bo przecież żadne z tych dań nie ma nic wspólnego ze

co dla naszych mam jest niezmiernie ważne.

– Czyżbyście zrezygnowały z ekokuchni? – zapytał tata z nadzieją w głosie, z zadowoleniem WCIĄGAJĄC TRZECIĄ PARÓWKĘ.

Wydawało się, że on jako jedyny docenił dzisiejsze menu obiadowe.

– To wszystko wina tutejszego zaopatrzenia – broniła się pani Zwiędły. – Nic nie mogłyśmy dostać.

– W sklepie były tylko parówki i mrożone frytki – przyznała z zawstydzeniem mama.

– W czasie długich weekendów wszystko ZNIKA Z PÓŁEK BŁYSKAWICZNIE – zgodził się z nimi profesor Kaganek. – Następnym razem powinniśmy przywieźć ze sobą większe zapasy.

– Nasz samochód już był wypchany po brzegi – zauważył tata. – Wydaje mi się, że mamy tu po prostu BANDĘ GŁODOMORÓW!

Ale nie martwcie się. Raz można sobie pozwolić na parówki i frytki. Wprawdzie zgadzam się z zasadą, że JESTEŚMY TYM, CO JEMY, ale najważniejsze, jak odżywiamy się na co dzień, a nie od święta.

pan Kaganek próbował pocieszać nasze mamy.

Za to Franek był zachwycony.

– Całkiem niezłe parówki – pochwalił i sięgnął po dokładkę. – Frytki też NICZEGO SOBIE.

Pomyślałam, że Franek chyba jest łasuchem. Spojrzałam porozumiewawczo na Florę. Zdawała się podzielać moje myśli. Nie wiem, ile jeszcze siedziałabym przy stole i patrzyła, jak nasz superchłopak się opycha, ale na szczęście pozwolono mi odejść, ponieważ należało nakarmić Czekoladę i Kukiego. Dziewczyny dołączyły do mnie. Wcześniej ustaliliśmy, że cavalier, mimo że młodszy od psa mojej cioci, dostanie taki sam posiłek. Nie było zresztą wyboru. Do dyspozycji miałyśmy tylko jedzenie dla kotów lub suchą karmę Czekolady.

– Jaki pokarm dostaje Czekolada? – spytał z pełnymi ustami zaciekawiony Franek. – Bo Fiolka ma teraz zbilansowany program, specjalnie dobrany dla kotów w jej wieku.

Nie znałam szczegółów diety Czekolady, ale miałam absolutną pewność, że to jedzenie na

– Jest świetne – przekonywałam. – Ciocia Julia wybiera dla swojego pupila specjalne, dietetyczne artykuły. Kuki będzie zadowolony. Ręczę za to.

Nasz nowy przyjaciel nie był jednak zachwycony swoim menu. Musieliśmy go bardzo dopingować, aby zjadł wszystko, co miał w misce.

Przypuszczam, że jego odczucia były podobne do moich, kiedy dostałam na obiad parówki i frytki. Dlatego z niecierpliwością wyczekiwałam specjałów, które przygotowywał na wieczór pan Zwiędły. Jednak kuchmistrz trzymał jadłospis kolacji w tajemnicy. Nawet Flora nie wiedziała, co jej tata nam zaserwuje.

– NIE MAM ZIELONEGO POJĘCIA, CO PODA – oświadczyła, kiedy ją o to zapytaliśmy. –

Ostatnio ciągle siedzi w książkach kucharskich i na blogach kulinarnych. Pewnie wymyśli coś równie egzotycznego jak ratatuj. Ale jestem pewna, że będzie to coś, za czym Emi przepada.

– A ja marzę o tajskim curry* – przyznała pani Laura. – Chciałabym zjeść coś eleganckiego i z charakterem.

– Och! – zapalił się profesor. – To jest danie, które

– Mam wrażenie, że ta nasza nadmorska wycieczka to nic innego jak wyprawa kulinarna. Ciągle albo gotujemy, albo rozmawiamy o jedzeniu – zauważył tata.

– Wspólne gotowanie to niezwykła przyjemność – stwierdziła pani Laura.

– Szczególnie, kiedy nie muszę krzątać się po kuchni – zachichotała mama.

Gdy przyszła pora kolacji, wszyscy zgromadziliśmy się w jadalni.

– Będziecie W SIÓDMYM NIEBIE – oświadczył pan Zwiędły. – Kolacja, którą zamierzam podać, jest

---

* Tajskie curry – jedno z klasycznych dań kuchni tajskiej, którego kluczowymi składnikami są pasta curry, a także mleko kokosowe, warzywa sezonowe, mięso kurczaka lub krewetki – całość podaje się z ryżem.

wykwintna, ale bardzo prosta! Idealna na zakończenie urodzinowego dnia.

– Nie mogę się doczekać, kiedy skosztujemy tych przysmaków! – zawołała pani Laura.

Pan Zwiędły szerokim gestem zaprosił wszystkich do nakrytego stołu.

Uśmiechnęłam się na sam dźwięk słowa „placuszki", bo naleśniki i placki należą do moich ulubionych przysmaków!

– Na honorowym miejscu niech zasiądzie solenizantka – zaproponował nasz kuchmistrz.

– Wolałabym zostać przy drzwiach, nie powinnam się oddalać od Kukiego – powiedziałam, chociaż byłoby mi bardzo miło zająć najważniejszą pozycję.

Rzuciliśmy się do stołu i dosłownie w okamgnieniu SPAŁASZOWALIŚMY PO JEDNYM placku.

Nawet Flora postanowiła skosztować i sama nie mogła się nadziwić, że placki z serem mogą być takie pyszne.

– Jesteś niesamowity – oświadczył mój tata i uścisnął dłoń panu Zwiędły.

Ja też mu podziękowałam. W końcu to moja urodzinowa kolacja!

Po kwadransie ucztowania talerz

świecił pustkami.

Mnie jako solenizantce, przypadł w udziale ostatni placuszek, którym sprawiedliwie podzieliłam się ze wszystkimi członkami Tajnego Klubu Superdziewczyn i Jednego Superchłopaka.

– Nie mogę wam więcej zaproponować, bo zabrakło ricotty – tłumaczył się tata Flory. – W sklepie dostałem tylko dwa pudełka.

Byliśmy rozczarowani. Z naszych gardeł wydobyło się ponure buczenie:

BUUU!

Niezbyt to eleganckie, ale placuszki były przepyszne i ogromnie żałowaliśmy, że już więcej nie będzie.

CO SIĘ ODWLECZE, TO NIE UCIECZE

– stwierdził pan Zwiędły. – Po powrocie do miasta zapraszam wszystkich na ucztę! Tym bardziej że ricotta ma bardzo cenne wartości odżywcze. Zawiera mnóstwo wapnia.

– Skoro mowa o mieście, to proponuję omówić przyszłość waszego nowego pupila – wtrąciła się moja mama. – Przed nami tylko dwa dni nad morzem. Na dodatek niepełne. Trzeba

RUSZAĆ Z KOPYTA

Z POSZUKIWANIAMI właścicieli cavaliera.

– Ale nam jest tak dobrze z NASZYM ZWIERZYŃCEM! – zawołał profesor. – Franek pracuje nad tym, aby nasza kotka polubiła się z psami.

– Ależ, profesorze! – odezwała się pani Zwiędły. – Powinniśmy zrobić wszystko, żeby zwrócić Kukiego właścicielom. Tylko wtedy będzie naprawdę szczęśliwy.

Uświadomiłam sobie, że zajęta placuszkową ucztą, na chwilę zapomniałam o psiaku.

Wychyliłam się z jadalni i zobaczyłam, że biedaczysko siedzi skulony w miejscu, które sobie upodobał – na dywaniku obok kominka.

– Kuki! – zawołałam. – Kuki, chodź do nas, malutki.

Zwierzak podniósł się niechętnie, ale przywędrował do mnie posłusznie. Posadziłam go sobie na kolanach i zmierzwiłam delikatnie jego sierść.

Kuki zamerdał ogonem, chociaż według mnie wyglądał na markotnego.

– Świetnie się nim opiekujecie, i psiak na pewno to czuje – rzekł profesor. – Ale myślę, że on dobrze wie, że jego prawdziwy dom jest gdzie indziej.

Kuki na dźwięk słowa „dom" podniósł wyżej głowę i uważnie na nas spojrzał.

– Tajny Klub Superdziewczyn powinien wreszcie się zabrać do zorganizowania swojej tajnej misji – stwierdził tata. – Trzeba odnaleźć właścicieli.

– Czy macie już jakiś pomysł na akcję? – zapytała pani Zwiędły.

Zawstydziłam się, ponieważ jak dotąd nie rozmawialiśmy w Klubie na ten temat. Było nam z nim tak dobrze!

– Jasne, że mamy! – oświadczyła niespodziewanie Fau. – Tajny Klub JEST ZAWSZE GOTOWY DO AKCJI!

– Przygotujemy ogłoszenie, w którym opiszemy Kukiego – włączyła się Flora. – Potem skserujemy je w stu egzemplarzach i oblepimy nim całą okolicę.

Byłam naprawdę pozytywnie zaskoczona.

Tajny Klub Superdziewczyn ma świetne pomysły.

SĄ NIEZAWODNI!

Jak mogłam w to wątpić? Przecież zgodnie z naszym zawołaniem „TAJNY KLUB TO JEST SUPERPACZKA"!

– Bierzmy się DO ROBOTY! – zawołałam. – Dzisiaj wieczorem przygotujemy ogłoszenia, a jutro od rana będziemy je rozklejać.

– Uwzględnijcie kawiarnie nadmorskie i szkoły sportów wodnych. Piesek mógł się bawić w pobliżu plaży, a potem odbiec za daleko i trafić aż na ścieżkę rowerową – zasugerował profesor.

– Wybieram się jutro na szkolenie z kitesurfingu* – zapowiedział pan Zwiędły. – Możecie pójść tam ze mną.

– Świetny pomysł – zgodziłam się. – Powinniśmy dotrzeć do jak największej liczby osób.

---

* Kitesurfing – sport wodny podobny do windsurfingu, jednak zamiast żagla do napędzania używany jest latawiec.

Brałam co prawda udział w planowaniu poszukiwań właścicieli Kukiego, ale bardzo się bałam naszego rozstania. Po raz pierwszy miałam (PRAWIE) WŁASNEGO PSA, którego właśnie miałam stracić!

W końcu zabraliśmy się do opracowania ogłoszenia. W naszej sypialni na antresoli znajdowały się arkusze papieru i pisaki. Zrobiliśmy jeden duży plakat i mniejszy wielkości kartki z zeszytu z komunikatem o znalezionym piesku. Na plakacie narysowaliśmy wizerunek Kukiego, a nad nim napisaliśmy:
CHCĘ WRÓCIĆ DO DOMU! POMÓŻ MI!
Na obu ogłoszeniach opisaliśmy bardzo dokładnie miejsce i czas znalezienia psiaka oraz jego znaki szczególne. Dodaliśmy jeszcze telefony kontaktowe do pani Laury i mojego taty.

Ogłoszenia były gotowe.

– Tajny Klubie, misja rozpoczęta – orzekłam, kiedy ocenialiśmy naszą pracę w większym gronie, wspólnie z dorosłymi.

– Kuki pokocha was jeszcze bardziej – przekonywała moja mama. – Na pewno chce już wracać do domu.

Kuki grzecznie trzymał się mnie. W ciągu tych kilku godzin, które razem spędziliśmy, staliśmy się nierozłączni.

WSZĘDZIE DOBRZE, ALE W DOMU NAJLEPIEJ! A teraz pozwólcie, że ZAPOLUJĘ NA Fiolkę. Nie widziałem jej od dobrych kilku godzin.

Bo koty chodzą własnymi drogami!

I dlatego są interesującymi indywidualistami.

Na zewnątrz się ściemniło. Zabraliśmy z dworu Czekoladę, aby zajęła miejsce na swoim legowisku. I wtedy wybuchła kolejna sprzeczka. Poszło o to, gdzie ma spać Fiolka, a gdzie Kuki.

Franek, któremu udało się wreszcie wytropić kotkę, zabrał ją na antresolę i umieścił w jej domku.

Jednak Fiolka ani myślała pogodzić się z obecnością Kukiego na pięterku. Stroszyła sierść i bez przerwy fukała.

Zwyczajna AWANTURNICA, żadna tam indywidualistka.

Po konsultacjach pani Laura obwieściła nam plan rozlokowania czworonogów na najbliższą noc.

Musimy sobie radzić z naszym zwierzyńcem.

Zatem Fiolka będzie dzisiaj spała obok profesora, przy kominku. Czekolada, aby nie drażnić kotki, ma zapewniony nocleg w pokoju z rodzicami Emi. Tak więc Kuki może zostać na antresoli.

Podskoczyłam pod sufit z radości. Kuki będzie spał obok mojego łóżka, zupełnie tak, jak to sobie wymarzyłam! Zrobię mu posłanie na moim wielkim urodzinowym pluszaku!

 15 maja   EMI   22 komentarze

Cześć!

To mój kolejny wpis tego dnia, ale sami przyznacie, że wiele się działo! Siedzę teraz ukryta w łazience, żeby nikt nie mógł zobaczyć, co robię. W końcu Tajny Blog zobowiązuje.

Za mną pierwszy dzień z Kukim. I wiecie co? Jestem absolutnie pewna, że dam sobie radę z pieskiem. O ile oczywiście będę go kiedykolwiek miała. Tymczasem, niestety, rozpoczynamy misję poszukiwania jego właścicieli. Całkowicie zgadzam się z tym, że powinien wrócić do domu. W końcu tam będzie mu najlepiej. Ale moje serce ściska się z żalu. Bo wygląda na to, że niedługo się rozstaniemy i zostanę sama. No, może nie całkiem. Mam przecież rodziców i przyjaciół z Tajnego Klubu Superdziewczyn. I jeszcze tę gigantyczną maskotkę cavaliera, którą dostałam w prezencie.

Przygotowaliśmy już ogłoszenie i plakat i od jutrzejszego ranka zaczynamy TAJNĄ MISJĘ. Mam nadzieję, że właściciele Kukiego to sympatyczni ludzie. Kto wie, może nawet się zaprzyjaźnimy? Liczę na to!

Dobranoc! Trzymajcie się.
Wasza Emi.

 BLOG, BLOGGER, TAJNYKLUB, MEGA, EMIITAJNYKLUBSUPERDZIEWCZYN, MISJA

LATAWCE I ANANAS

Poranek z Kukim był MEGA! Kiedy się obudziłam, piesek leżał zwinięty w kulkę w moich nogach i oddychał miarowo. Jeszcze spał. Młode psiaki czasami potrzebują więcej snu. Po chwili jednak wyczuł, że już nie śpię. Natychmiast się ożywił i był gotowy do zabawy.

Wkrótce na naszej antresoli powstał NIEZŁY RABAN i zamieszanie. Każdy członek Tajnego Klubu Superdziewczyn chciał pobawić się z Kukim.

– Chodź do mnie, słodziaku – nawoływała zwierzaka Faustyna. – Jesteś taki milutki!

– A teraz do mnie – nakłaniała go Flora. – Hop! Hop! Tu jestem!

– Ja też na ciebie czekam. Mam niespodziankę! – Aniela próbowała zwrócić uwagę Kukiego i rzucała mu piłeczkę.

Tylko Franek, zatwardziały kociarz, nie włączył się do rywalizacji o uwagę czworonoga.

Z przerażeniem spoglądałam na harce dziewczyn z Kukim. Piesek biegał w tę i z powrotem pomiędzy nimi. Kiedy Faustyna go przywoływała, biegł do niej, za chwilę do Flory, a potem do Anieli. Wreszcie, zupełnie zdezorientowany, wskoczył na mój materac i ukrył się pod kołdrą.

Tym razem całkowicie zgadzałam się z Frankiem. Musiałam i ja stanąć w obronie pieska.

– Naprawdę go zamęczacie – przyznałam.

– To mało powiedziane. Zadręczacie go – dodał Franek. – Fiolka nigdy by sobie nie pozwoliła na coś podobnego. Pokazałaby wam, GDZIE RAKI

ZIMUJĄ. – A potem dodał z arcypoważną miną: – Kota nie da się zmusić do zabawy. Buduje relacje na własnych warunkach. A WOBEC INTRUZA POTRAFI UŻYĆ PAZURÓW.

Pierwsza przyznała się do błędu Faustyna.

– Macie rację – wykrztusiła zawstydzona. – Piesek to nie zabawka. Jedna osoba powinna mu komunikować, co ma robić.

Aniela i Flora zgodziły się z nią.

Zmarkotniałam. Mój tata ma jednak absolutną rację. Kuki powinien wrócić do swoich właścicieli. Teraz jest naszym pupilkiem, i wcale nie jest to dla niego dobre.

Wyciągnęłam zwierzaka ostrożnie spod kołdry. Jego mina zdradzała zniecierpliwienie.

– Wyruszamy dzisiaj na poszukiwanie twoich bliskich – rzekłam i potarmosiłam go za uchem. – A teraz zmykaj z pościeli, musimy tu posprzątać.

Zabrałyśmy się za poranne porządki w naszej niewielkiej sypialni na antresoli. Nawet Franek porzucił czytanie i do nas dołączył. Kątem oka zauważyłam, co czyta. Był to jakiś *PORADNIK ZOOPSYCHOLOGA*.

„Oho! – pomyślałam. – Nasz kolega wziął się na poważnie za wychowanie kotki Fiolki".

Kiedy posłaliśmy łóżka, czekały nas toaleta poranna, śniadanie i karmienie naszego zwierzyńca. Całkiem sporo roboty jak na wolny od zajęć weekend.

Dopiero gdy jedliśmy, zauważyliśmy, że nie ma z nami pana profesora.

– Postanowił zrobić rundkę na rowerze – usprawiedliwiła jego nieobecność pani Zwiędły.

DLA ROZRUSZANIA KOŚCI I NAŁADOWANIA AKUMULATORÓW!

Popatrzyliśmy na nią zdziwieni; zupełnie nie rozumieliśmy, co właściwie planował naładować tata Franka.

– Ach! Nie znacie tego powiedzenia! – Zachichotała. – Tak mówimy, kiedy potrzebujemy się zregenerować. To sposób dorosłych na stres i zmęczenie. Pan Kaganek miał ważną telekonferencję o świcie, a potem musiał po prostu odreagować.

Nie zdążyliśmy nawet wypić naszych zdrowych zielonych koktajli, które przygotowała pani Zwiędły, kiedy profesor wpadł do domku.

– Czy jesteś już PODREPEROWANY? – zapytał go Franek.

Jego tata zmarszczył czoło, nic nie rozumiejąc.

– Tłumaczyłam właśnie, że wyruszyłeś na ładowanie akumulatorów – pospieszyła z wyjaśnieniami pani Laura.

– Czasem trzeba ODERWAĆ SIĘ OD PRZYZIEMNYCH SPRAW – odpowiedział.

Franek skomentował to z powagą:

– Red Bull* DODA CI SKRZYDEŁ!

Wybuchliśmy śmiechem, a ja wyobraziłam sobie profesora Kaganka, który mknie na swoim sportowym uskrzydlonym rowerze.

– Skrzydła nie byłyby wcale takim złym rozwiązaniem. Tym bardziej że zrobiłem dla was 100 kopii ogłoszenia – oświadczył profesor.

– Naprawdę? – zawołał Franek. – Mega!

– SPISAŁ SIĘ PAN NA MEDAL, PROFESORZE! – wykrzyknęłam z uznaniem.

---

* Red Bull – napój energetyczny, słynie z zabawnych reklam, w których używany jest slogan „Red Bull doda ci skrzydeł".

Pan Kaganek wręczył nam plik kolorowych arkusików i rzekł:

– Odwiedziłem nasz stary dobry pensjonat i okazało się, że po niedawnej akcji sprzątania plaży wyposażyli swoje biuro w kserokopiarkę, więc skorzystałem z okazji i oto możecie startować z misją.

– Robią nawet ksero na papierze kolorowym – zauważył tata.

My tu GADU-GADU, a ja w ciągu pół godziny muszę się znaleźć w bazie sportów wodnych. Są dobre warunki pogodowe. Wieje wiatr z zachodu. Najlepszy dla nas, fanów kite'a!

Mam dwugodzinną lekcję z kitesurfingu.

Dołączcie do mnie. Możecie najpierw rozkleić ogłoszenia w okolicy, a potem obserwować moje postępy!

– Masz na myśli nierówną walkę z latawcem? – zapytała pani Laura.

Wyczułam w jej tonie NUTĘ USZCZYPLIWOŚCI.
– PRAWDZIWA SZTUKA WYMAGA POŚWIĘCEŃ – odpowiedział niczym niezrażony tata Flory. – Umiem już składać i rozkładać latawiec. Teraz czas na opanowanie startu z wody.

Będziesz wchodził do wody? BRRRR! Przecież woda w zatoce jest strasznie zimna!

Jestem UZBROJONY PO ZĘBY. Mam specjalną piankę*, buty i czapkę, które chronią przed chłodem. A taki wiatr jak dziś, nie wieje zawsze, więc nie mogę ODPUŚCIĆ.

* Pianka do pływania – specjalny kombinezon neoprenowy do uprawiania sportów wodnych (windsurfing, kitesurfing, nurkowanie i inne).

* Katamaran – inaczej dwukadłubowiec, statek wodny wyposażony w dwa połączone sztywno kadłuby umieszczone równolegle.

Ekipa wyruszająca do bazy sportów wodnych „Z WIATREM" była już skompletowana.

Tylko profesor nigdzie się nie wybierał.

– Zostanę z naszym zwierzyńcem – zapowiedział.

– Ale Kuki idzie z nami – zwróciłam uwagę. – W końcu ruszamy na misję poszukiwania jego właścicieli.

Wszyscy przyznali mi rację.

– Ale ktoś musi OGARNĄĆ Czekoladę i Fiolkę, inaczej rozniosą cały dom. Poza tym czekam na kolejny ważny telefon, więc i tak jestem

UZIEMIONY!

– Nie martw się, tato – rzekł Franek. – Następnym razem i ty sobie popływasz.

Wreszcie wyszliśmy. Baza znajdowała się nad samą zatoką. Oddalona była o kilkanaście minut marszu od domku na wydmach, dzisiaj jednak towarzyszył nam Kuki, więc droga nieco się nam wydłużyła. Psiak, którego prowadziliśmy na smyczy pożyczonej od Czekolady, miał ochotę zajrzeć w każdy kąt. Zatrzymywaliśmy się więc co chwilę i przy okazji rozlepialiśmy ogłoszenia. Wkrótce potem szlak był już bardzo dobrze oznaczony. Nie tylko przez Kukiego, ale też przez kolorowe kartki pozostawione w pizzeriach, kawiarniach i na przystankach autobusowych.

W końcu dotarliśmy do plaży nad zatoką.

Pięknie tu.

Rzeczywiście. Nad zatoką było słonecznie i tylko zimny wiatr przypominał, że lato jeszcze się nie zaczęło.

To wyjątkowe miejsce. Piaszczyste plaże pokrywają tylko trzydzieści procent brzegów morskich na świecie. Mamy naprawdę szczęście, że spędzamy tu wolny czas.

Wtedy Flora wymyśliła coś bardzo fajnego.

– Ukryjemy się w latawcach od kajtów i osłonimy się od wiatru – zaproponowała.

Na piasku nad zatoką leżało mnóstwo kolorowych latawców. Jedne czekały na swoją kolej, inne już wykonały swoje zadania.

– Bawcie się – stwierdził mój tata. – Byle bezpiecznie. My biegniemy do szkółki.

Zajęliśmy pozycje na plaży, przyczajeni za jednym z porzuconych latawców. To było dobre, zaciszne miejsce, widzieliśmy stąd cały brzeg i wszystkich, którzy pływali na falach. Po chwili tata i pan Zwiędły pojawili się obok nas. Obaj mieli na sobie pianki z długimi rękawami i odblaskowe kaski, w jakie wyposażeni są wszyscy uczniowie szkółek.

– Trzymajcie za mnie kciuki – poprosił tata i pobiegł z instruktorem po deskę i żagiel do windusrfingu.

Pan Zwiędły rozpoczął pompowanie swojego latawca. Z wielkiego zielonego plecaka wyjął pompkę i złożony zielono-żółty żagiel. Przygotował go do sesji na wodzie, a żagiel sterowany linkami wzniósł się jak

WIELKI KOLOROWY PTAK.

– Daj go bardziej na lewo – wydawał polecenia szkoleniowiec, który pojawił się obok pana Zwiędły.

Okazało się, że instruktor to dziewczyna. Miała długi blond warkocz przykryty kolorową zimową czapką, a na piankę narzuciła kurtkę chroniącą przed wiatrem.

Następnym razem na pewno zabiorę nad morze zimową czapkę.

Tata Flo, sterując linkami i dźwigając deskę, ruszył w kierunku wody.

– BRRRR – Flora się otrząsnęła, a my wraz z nią, kiedy pan Zwiędły zanurzał się coraz głębiej.

Potem latawiec poszybował wyżej; pan Zwiędły leżał w wodzie i widzieliśmy tylko jego żółty kask. Przynajmniej tak nam się wydawało, że to on, bo podobnych punktów na wodzie było naprawdę dużo. Kolorowy latawiec unosił się nad wodą, a tata Flory ciągle nie mógł wystartować i pofrunąć razem z nim.

– To ciężki sport – mruknęła Flora.

– Trzeba leżeć w wodzie i mieć dużo siły w rękach – oceniałam, patrząc na kitesurferów.

– Nic nie widać – poskarżyła się Aniela.

Nieoczekiwanie jeden z instruktorów pompujących obok latawce zaoferował nam LORNETKĘ.

– MEGA! – wyrzuciłyśmy z siebie jednocześnie i po kolei zaczęłyśmy obserwować poczynania pana Zwiędły w dużym przybliżeniu.

Kiedy wiatr szarpał latawcem, ten lądował na falach. Wtedy pan Zwiędły kołysał się mocniej na wodzie i kolorowa deska, do której przyczepione były jego stopy, wynurzała się z fal. Sterował cały czas linkami latawca, ale ten nie chciał się poddać jego działaniom.

Wokół niego przepływało Z GRACJĄ wielu innych kitesurferów, których wiatr ciągnął wzdłuż brzegu. Wydawało się, że za chwilę oderwą się od fal

i uniosą wysoko, wysoko w chmury. Ale tylko niektórzy robili zwinne zwroty, większość leżała w wodzie i walczyła z latawcami, podobnie jak pan Zwiędły.

Po kilku kwadransach tata Flo wreszcie wyszedł z wody. Uśmiechał się od ucha do ucha.

– Może przyniosę ci ręcznik – zaproponowała Flora.

– Nie ma potrzeby. Energia mnie rozpiera – podziękował jej tata i zajął się składaniem latawca, a potem wrócił do bazy, żeby się przebrać.

A my nadal leżeliśmy na piasku ukryci za naszym latawcem. Kuki był z nami i nawet nie hałasował, tylko grzecznie bawił się piłką. Nad brzegiem przechadzało się wielu plażowiczów. Niektórzy z nich byli rozebrani do strojów kąpielowych, inni byli szczelnie opatuleni tak jak my. Przyglądaliśmy się surferom, którzy coraz lepiej radzili sobie na falach.

– Fajnie latają – zauważyła z westchnieniem Aniela. – Też chciałabym tak spróbować.

– Jesteśmy jeszcze za mali – przypomniała jej Faustyna.

Za to Flora wcale nie była zainteresowana.

– Nie mam zamiaru uczyć się kite'a – oświadczyła i odłożyła lornetkę.

– Dlaczego? – zdziwił się Franek. – Moglibyście wspólnie z tatą jeździć po całym świecie i pływać.

A ja czułam się MEGA! Przynajmniej tak mi się wydawało. Do czasu, kiedy nie przyjrzałam się uważnie Frankowi, który właśnie przejął lornetkę. Odłożył ją po chwili i spojrzał na mnie spanikowany.

Rzeczywiście, zbliżała się do nas grupa osób. Byli ubrani podobnie jak nasza instruktorka.

Kiedy znajdowali się o krok od nas, Kuki nagle się poderwał i zaczął radośnie szczekać. Merdał ogonem i wyrywał się z moich rąk. Nie chciałam go wypuścić, bo przecież mógł ZAGINĄĆ PO RAZ DRUGI.

W grupce znajdowała się dziewczyna ubrana jak turystka. Miała na sobie bluzę z kapturem, czapkę z daszkiem, luźne spodnie i trampki. Wyglądała na bardzo zatroskaną. Nagle podbiegła do nas, a Kuki szarpnął się i wpadł prosto w jej ramiona.

– Ananasek! – krzyknęła. – Jesteś, malutki. Wreszcie!

Dziewczyna cały czas tuliła i głaskała pieska. Po chwili podbiegł do niej chłopak z brodą, ubrany w podobną bluzę, i też wyściskał zgubę.

Patrzyłam na tę scenę z drżącym sercem.

Na szczęście w tym momencie dołączyli do nas tata i pan Zwiędły. W lot zrozumieli, co się dzieje.

Kuki, czyli Ananas, bo tak brzmiało prawdziwe imię cavaliera, trzymał się od tej chwili blisko swojej pani. Okazało się, że właściciele, Kalina i Jacek, mieszkają na pobliskim kempingu i są fanami windsurfingu, a psiak zaginął, kiedy oboje byli na wodzie.

– Ananasek nigdy się nie oddalał i zawsze czekał na nas w bazie – opowiadała dziewczyna. – Jednak tego feralnego dnia, gdy zeszliśmy z wody, poleciał gdzieś i już go nie było...

Zupełnie stracili nadzieję na powrót zwierzaka, aż do dzisiaj, kiedy w bazie i w okolicach pojawiły się ogłoszenia.

– Jesteśmy wam bardzo wdzięczni za opiekę – powiedział Jacek w imieniu swoim i dziewczyny.

– Jesteście kochani! – zawołała Kalina i uściskała każdego z nas po kolei.

– Jesteśmy Tajnym Klubem Superdziewczyn i Jednego Superchłopaka – przedstawił nas z dumą Franek, a ja opowiedziałam, w jaki sposób znaleźliśmy Kukiego. O, PRZEPRASZAM. Ananasa.

Kalina przyglądała mi się bardzo uważnie.

– Widzę, że chociaż Ananasa nie było tylko jeden dzień, to ma już nowych przyjaciół – stwierdziła.

– Dzieciaki natychmiast się z nim zżyły – wtrącił tata. – Tym bardziej że Emi jest wielbicielką tej rasy.

– Możecie się z nim bawić, kiedy tylko chcecie – zaproponowała Kalina i pozwoliła mi wziąć pieska na ręce.

– Mega! – ucieszyłam się.

Okazało się, że Kalina i Jacek spędzają nad zatoką większość lata i pływają w bazie „Z wiatrem". A ponieważ Tajny Klub Superdziewczyn ma w planach wakacje na wodzie, to już niebawem się spotkamy!

Resztę dnia spędziliśmy na plaży i w bazie, bawiąc się z psiakiem. Była też sesja fotograficzna, która posłużyła nam do przygotowania pierwszego, odkąd przyjechaliśmy nad morze, wpisu na nasz klubowy blog. Post nosił tytuł „Psy czy koty?" i wykorzystaliśmy do niego zdjęcia Kukiego, Fiolki i Czekolady.

– Miłość do wybranego gatunku zwierzaków **MAMY W GENACH** – przypomniała Faustyna, kiedy Franek skarżył się, że **JEST JEDYNYM PRAWDZIWYM KOCIARZEM W TOWARZYSTWIE** i czuje się **WYIZOLOWANY**. Nawet Fiolka stanęła po naszej stronie, bo drapnęła go pazurem, kiedy chciał umieścić ją w domku.

Pomyślałam wtedy ciepło o Kukim. On na pewno nie zachowałby się jak kotka.

 17 maja EMI  33 komentarze

Dzień dobry!

Na pewno zauważyliście, że wczoraj na blogu nic się nie pojawiło. To był wyjątkowy dzień. Dzień pożegnania z Kukim. Właściwie z Ananasem. Okazało się, że tak brzmi jego prawdziwe imię. Ale dla mnie pozostanie na zawsze Kukim! Tego dnia postanowiłam poświęcić mu cały mój czas, więc naprawdę nie mogłam robić innego. Kto wie, kiedy znowu się spotkamy?!

Domyślacie się pewnie, że odnaleźliśmy jego właścicieli. Właściwie to nie musieliśmy nawet długo szukać. Po prostu spotkaliśmy ich w szkółce sportów wodnych. Psiak rzucił się na nich i od razu wiedzieliśmy, że poszukiwania zakończyły się sukcesem. To prawda, że wszędzie dobrze, ale w domu i wśród swoich najlepiej.

Członkowie Tajnego Klubu Superdziewczyn zabrali się też wreszcie do aktualizacji klubowego bloga. Jak dotąd nie znalazło się tam zbyt wiele wpisów. Na moim blogu był ruch, a nasz wspólny został, hm, nieco zaniedbany. Tematem postu były oczywiście psy. Umieściliśmy też mnóstwo zdjęć Kukiego. To na pamiątkę!

Ale nie myślcie sobie, że rozstajemy się na zawsze. Już niedługo wakacje, dlatego uknuliśmy tajny plan, że się spotkamy! Właściciele psiaka okazali się przemiłymi ludźmi. To para surferów, na dodatek często bywają na wybrzeżu. A przecież, jak pamiętacie, Flora i ja zamierzamy przyjechać latem do szkółki windsurfingowej.

Dzisiaj jednak opuszczamy na jakiś czas wybrzeże i wracamy do miasta. Jutro znowu szkoła i obowiązki. Ale nie martwię się tym. Tak już jest i trzeba sobie z tym radzić. Ciocia Julia wyjaśniała mi kiedyś, że to jest rutyna i nie każdemu musi być z tym źle. Na przykład ja lubię nasze klubowe spotkania i przyzwyczajenia. Nie mogłabym bez nich żyć. Ciocia z kolei często musi przewietrzać sobie umysł i nie potrafi zbyt długo usiedzieć w jednym miejscu. Właśnie dlatego opiekuję się czasem jej labradorem Czekoladą i zainteresowałam się psami. A potem spodobały mi się cavaliery king charles spaniele. Aż wreszcie spotkałam Kukiego. No właśnie, Kuki! Wcale się z nim nie żegnam. To jest dopiero początek pięknej przyjaźni. Wy też jeszcze o nim usłyszycie.

A tymczasem życzcie mi szerokiej drogi. Bagaże już spakowane i ruszamy z powrotem. Ja też stęskniłam się za domem.

Do usłyszenia wkrótce.
Wasza Emi.

 BLOG, BLOGGER, TAJNYKLUB, MEGA, EMIITAJNYKLUBSUPERDZIEWCZYN, MISJA

SPIS TREŚCI

Z TAJNEGO BLOGA EMI — 8

Tajny Klub chce być na czasie! — 16

Z TAJNEGO BLOGA EMI — 48

Bum! Bum! Boomerang! — 50

Z TAJNEGO BLOGA EMI — 78

Dziewczyński wieczór — 80

Z TAJNEGO BLOGA EMI		100
W domku na wydmach		102
Z TAJNEGO BLOGA EMI		128
Wejście smoków i horror		130
Z TAJNEGO BLOGA EMI		154
H'bday! Wcale nie dostałam (prawdziwego) psa		156

Z TAJNEGO BLOGA EMI	174
Prawdziwa urodzinowa niespodzianka	176
Z TAJNEGO BLOGA EMI	196
Psiarze kontra kociarze	198
Z TAJNEGO BLOGA EMI	214
Zwierzyniec w domku na wydmach	216

Z TAJNEGO BLOGA EMI   236

Latawce i Ananas   238

Z TAJNEGO BLOGA EMI   262

SPODOBAŁ CI SIĘ KOMIKS I OPOWIADANIA O EMI I TAJNYM KLUBIE SUPERDZIEWCZYN?

SIĘGNIJ PO SERIĘ OPOWIADAŃ „EMI I TAJNY KLUB SUPERDZIEWCZYN" W 8 TOMACH!

WWW.EMISUPERDZIEWCZYNA.PL
www.gwfoksal.pl

NIGDY WIĘCEJ NUDY!

WWW.EMISUPERDZIEWCZYNA.PL
www.gwfoksal.pl

Tekst i ilustracje © Agnieszka Mielech
Edycja © Grupa Wydawnicza Foksal

Projekt okładki, stron tytułowych oraz ilustracje: Magdalena Babińska

Redakcja: Julia Celer

Skład: www.pagegraph.pl
Druk i oprawa: Edica, Poznań

Grupa Wydawnicza Foksal sp. z o.o.
ul. Domaniewska 48, 02-672 Warszawa
tel. 22 828 98 08, 22 894 60 54
e-mail: biuro@gwfoksal.pl
www.gwfoksal.pl

ISBN: 978-83-280-4694-8

Wszelkie prawa zastrzeżone
All rights reserved

Wszystkie postaci, zdarzenia, miejsca i produkty, które występują
w tej serii, są wymyślone, a jeśli są rzeczywiste,
to zostały wykorzystane wyłącznie w celach fikcyjnych.

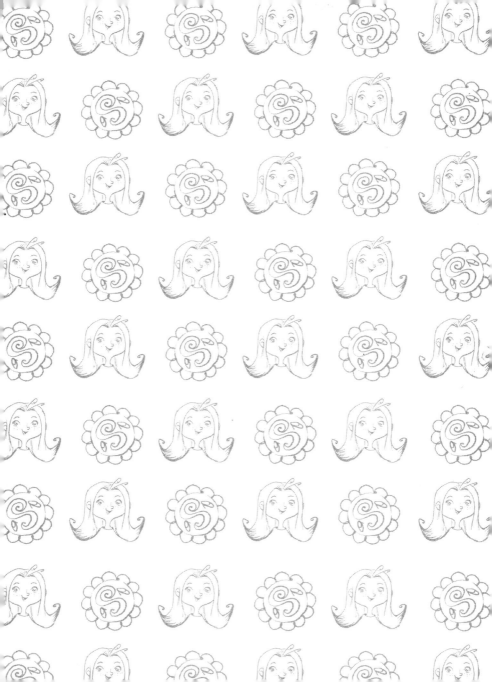